ROOM STYLE BOOK
with unico

unicoの心地いい暮らしと部屋

INTRODUCTION

日々の生活を楽しく、
気持ちよく暮らす──

インテリアについて考えてみるのは、
その第一歩。

どんなテイストの家具が合うだろう、
これくらいのサイズなら
リビングに丁度良さそう。

そんなことを
ゆっくり考えてみませんか。

NOW AT THE TOP OF HAPPINESS
NOW AT THE TOP OF HAP
2
2
Sugar
Don't swe
the small
Stuff

暮らしはじめた時には、
大きく感じたテーブルも
家族が増えて、
いつの間にか
小さく感じるようになったり……。
生活に寄り添い、
大切な思い出の一部になる
インテリアだから、
いつまでも使い続けられるもの
であって欲しい。

「たったひとつの」、
「大切な」といった意味をもつ
unico。
暮らしに寄り添う家具作りを続けてきた
unico には
あなたの生活に馴染む、
たったひとつの家具があります。
そんな家具の選び方や
ちょっとしたアイデアを
この本を通して、
知っていただけたらと思います。

TABLE OF CONTENTS

ROOM STYLE
BOOK
with unico

TABLE
OF
CONTENTS

018 **CHAPTER_01**
LIVING
［リビングルーム］
18 SAMPLE ROOMS, 41 IDEAS

080 **CHAPTER_02**
DINING
［ダイニングルーム］
7 SAMPLE ROOMS, 16 IDEAS

112 **CHAPTER_03**
OTHER
［アザー］
5 SAMPLE ROOMS, 16 IDEAS

076 **FURNITURE Q&A**
家具の悩みをunicoが解決

108 **CREATOR'S RECOMMEND**
クリエイター8人が
選ぶ、unicoの家具

128 **unico SELECT ITEM**
unicoのおすすめ
インテリアアイテム

136 **HISTORY of "unico"**
138 **ITEM CREDIT**
142 **SHOP LIST**

CHAPTER_01

LIVING

& unico

家族でくつろいだり、友人を呼んで談笑したりと、家のメインスペースであるリビング。スペースが広く、好きなテイストを演出しやすいスペースだからこそ、自分のお気に入りのインテリアをぜひ置きたい。長い時間を過ごす空間でもあるので、生活スタイルに馴染むインテリアを選んで、過ごしやすいリビングにしましょう。

LIVING | DINING | OTHER

FURNITURE of LIVING
HOW TO CHOOSE

—

01.

SOFA

ソファを選ぶときに大事なのは実際に座ってみること。座面の硬さや、高さを座って確かめることが大切です。汚れやすい環境なら、カバーを外して洗えるタイプを選ぶなど、目的に合わせて選びましょう。

02.

LOW TABLE

ソファとセットで使用することの多いローテーブル。ソファの高さに合った物を選ぶのがポイントです。一般的にソファの座面と同じくらいの高さが動作しやすいと言われています。

03.

CABINET

キャビネットは収納する物によって用途が変わるので、まずは何をしまうのかを明確にしましょう。ガラス戸なのか、引き出しがたくさんある物なのかなど、おのずと条件が決まってくるはずです。

04.

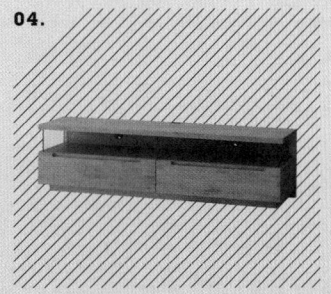

AV BOARD

主にTVを置くAVボード。ポイントは自分がどの高さからTVを見るか。ソファからなのか、ダイニングチェアの高さからなのか、それとも床に座って見るのか。見る場所を考えて選びましょう。

№. 01 LIVING

木目を基調とした生活に馴染む部屋。

Q. 部屋作りのテーマは？
長く住み続けられる部屋作りをしています。暮らしの中で家具が生活に馴染んでいく感じを大切にしています。

Q. 家具を選ぶときにこだわっていることは？
ナチュラルな木目調で揃えて、部屋全体に統一感が出るようなセレクトをしています。

Q. unicoの家具のどこが気に入っていますか？
部屋によく馴染む素材感です。偶然なんですが床に使っている素材と食器棚の素材が一緒で、「作り付けなの？」とよく言われます。

Q. レイアウトのメインになっている家具は？
ダイニングテーブルです。チーク材を専門に扱うお店で見つけたアンティークのテーブルで、古材の風合いが気に入って購入しました。

LIVING | DINING | OTHER

ダイニングからの見晴らしを考えてレイアウトされたリビング。TVボードは欲しかったunicoの家具を参考に、結婚当初夫婦2人で自作したもの。

（写真上）明るい木目調がこの部屋によく調和している『HUTTEカップボード』。お気に入りのお茶の紙袋など小物を置いて見せる収納を実践。
（写真下）『ALBEROソファ』はレイアウト変更もできる2シーターと1シーターの組み合わせ。肘掛けのないデザインなので、ベッド代わりに使うことも。

LIVING | DINING | OTHER   023

ダイニングに置かれた椅子は、デンマークのスクールチェア。シンプルなデザインながら、背もたれがフィットして座りやすく、お気に入りの椅子になっている。

ROOM STYLE BOOK with unico

アトリエの仕事机は、unicoで初めて購入した家具、『NOTEデスク』。飽きのこないシンプルなデザインで、これからも長く使い続けたい家具のひとつだそう。

LIVING | DINING | OTHER 025

北欧風のナチュラルな佇まいが部屋の雰囲気に合っている『CORSOキャビネット』。2人が旅行先で購入した北欧雑貨が並ぶ。

DATA

RESIDENT_ 小林 直剛 (こばやし なおたか)
HOUSEMATE_ 夫婦
FLOOR PLAN_ 2LDK
LIVING AREA_ 神奈川県横浜市

LAYOUT_ ダイニングテーブルに座って、リビングが見渡せるようにリビングは背の低い家具を配置したレイアウトになっている。

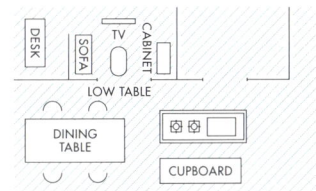

自身が勤める空間デザイン会社に依頼して、リフォームした部屋。大きなグリーンとフロア全体に施されたヘリンボーン貼りがこだわりの空間を演出している。

LIVING | DINING | OTHER

No. 02 LIVING

素材の質感を活かして、空間にまとまりを。

Q. 部屋作りのコンセプトは？
結婚して来客も増えるだろうと思い、仲間で集い、くつろげるLDKを目指して部屋作りをしました。

Q. 家具を選ぶときに気をつけていることはありますか？
部屋が狭く見えないように、あまり高さのない家具を選んでいます。また、デザインや色味は個性の強い原色などの物よりも、部屋にマッチするシンプルで落ち着いた雰囲気の物を選ぶようにしています。

Q. unicoのどこが気に入っていますか？
気取りすぎていないところです。どのインテリアもちょっとしたあしらいが効いているんですが、その主張が前面に出ていないので、ほかの家具と合わせやすくコーディネートしやすいのが好きです。

Q. 家の中で一番好きな場所は？
リビングです。長年の夢だった床にヘリンボーン貼りを施したり、壁を黒板にするなど、リノベーションする際に特にこだわった場所なので。

リノベーション時に白だった梁をクロス仕上げで緑色に。壁のへりにある僅かなスペースにお気に入りのキャンドルや、小さな雑貨類をディスプレイ。何気なく置いたものでも、緑色の梁の効果で特別感が出る。

オーク材の質感と色合いがヘリンボーン貼りの床材や、梁などに使われている木材の雰囲気とマッチしていたため購入した『U-CUBE キッチンカウンター』。

LIVING | DINING | OTHER　　　　　　　　　　　031

ダイニングテーブルの上に設置されたunicoのたまご形ランプは柔らかな明かりで食卓を優しい雰囲気に包む。

DATA

RESIDENT_ 島袋 幹也（しまぶくろ　まさや）
HOUSEMATE_ 夫婦
FLOOR PLAN_ 2SLDK
LIVING AREA_ 兵庫県伊丹市

LAYOUT_ リノベーションで、大きなリビングダイニングの一部屋にした島袋家。主要な家具を中心にまとめ、広々と見えるレイアウトに。

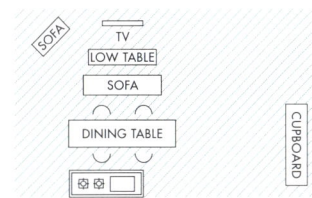

N°. 03 LIVING

ビルをリノベーション。木製家具で生活感のある空間に。

Q. 部屋作りのテーマは?
木材を使った家具をインテリアのメインにして、素朴で生活感の感じられる部屋作りを心がけています。

Q. unicoの家具のどこが気に入っていますか?
ダイニングテーブルの椅子が、チェアではなくベンチタイプなのが気に入っています。布張りのベンチは座り心地もいいし、大勢座れるので、そこも好きなポイントです。

Q. 部屋作りで工夫していることは何ですか?
この建物は会社の倉庫などに使われていたコンクリートの無機質なビルなので、木の家具を使って、柔らかさを出すようにしています。

Q. 今後も使いたい家具は?
機能的に優れたものですね。ただ、たくさんの機能が付いているようなものではなく、シンプルで使いやすいのがいいですね。そういう意味も含めて、手作りの木製家具が一番好きですね。

LIVING | DINING | OTHER

033

むき出しのコンクリートなどからオフィスビルだった名残が感じられるが、木材の家具を中心に部屋作りをしたことで程よい生活感が漂う居心地のいい空間になった。

特に気に入っている『SUKダイニングテーブル』。ダイニングチェアとして使用しているベンチタイプの椅子は、座面がクッションになっているので長時間座っていても疲れない。

LIVING | DINING | OTHER

035

3シーターの大きな『VISKAソファ』は、子供とおもちゃで遊んだり、絵本を読んだりと、家族みんなでくつろげる場所になっている。

DATA

RESIDENT_ 榊 経平（さかき きょうへい）
HOUSEMATE_ 夫婦＋子供1人
FLOOR PLAN_ 3LDK
LIVING AREA_ 東京都千代田区

LAYOUT_ 部屋の中心にダイニングテーブルを配置したレイアウト。上の階からいつでもお子さんの様子をうかがえるようにしている。

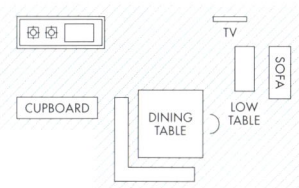

ROOM STYLE BOOK with unico

その時の気分を布ものを表現。

Q. 部屋作りで工夫していることは何ですか?
シーズンのトレンドカラーで気分を盛り上げたいので、クッションカバーや収納隠しに使用する布に流行を取り入れて、雰囲気作りをしています。

Q. 家の中で一番好きな場所はどこですか?
『MOLNソファ』の上です。スウェーデン語で「雲」を意味するその名の由来通り、雲の上に座っているような心地で、一度腰をおろすとなかなか立ち上がれません(笑)。

Q. 家具を選ぶ時にこだわっていることは何ですか?
長年使えて、部屋のテイストが変わっても馴染むような家具を選ぶようにしています。あとは、キッチンやリビングといった場所にとらわれず使えるものがよいです。

Q. 収納で気を付けていることはありますか?
見せる収納も取り入れることです。特にアクセサリーなどの小物類は小皿に入れるなど、初心者でも簡単にできるのでおすすめです。

LIVING | DINING | OTHER 037

01. 『BREATHキャビネット』の上には、アクセサリーなどの小物類やアンティーク調の雑貨などをディスプレイして、見せる収納スペースに。

02. 部屋のインテリアの中で特に気に入っているソファ。シャツやデニムをリメイクした素材の違うクッションカバーを使うことで、アクセントを加えている。

03. 大きさいろいろ、気に入った布はたくさんあると使い道多数！部屋の仕切り、収納隠し、アクセント…コーディネート上手な人はお気に入りの布所持率が高い。

DATA

RESIDENT_ unico STAFF
伊藤 容子（いとう ようこ）

HOUSEMATE_ 1人暮らし

FLOOR PLAN_ 1R

LIVING AREA_ 千葉県柏市

LAYOUT_ ベッドとソファ、大きな2つのインテリアを配置したワンルーム。スペースにはまる家具を上手く考えたレイアウトになっている。

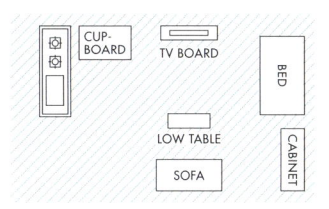

No. 05 LIVING

ウォールナット素材で北欧ヴィンテージ調に。

Q. 部屋作りのテーマは？
北欧ヴィンテージです。ウォールナット材の落ち着いた感じの家具で揃え、スッキリとした空間にしています。

Q. 家具を選ぶときに気を付けていることはありますか？
家具単品で気に入っても、持っている家具との相性や部屋全体を考えて、購入しています。

Q. 収納でこだわりはありますか？
シェルフの一番上は、季節ごとに飾るものを変えるコーナーにしていて、毎回小さな模様替えを楽しんでいます。

Q. 部屋に加えたい物はありますか？
北欧と相性のよい民芸テイストの雑貨やファブリックを取り入れて、味わいのある空間にしていきたいと思っています。

Q. 家の中で一番好きな場所はどこですか？
『FIVEソファ』の上です。張りのある布地の感触が好きで、座ってる間もついつい撫でてしまいます。

LIVING | DINING | OTHER

01. unicoでトータルコーディネートされたリビング。『MOLN』シリーズのソファと『HOLM』シリーズのローテーブルにラグを合わせて北欧風の落ち着いた空間に。

02. 北欧ヴィンテージの好きな中村さんはTVボードもシックな色味の『HOLM』シリーズを使用。何気なく置かれたリサ・ラーソンの置物ともマッチしている。

03. 丸みのある脚部と斜めにカットされた側板でやさしい印象の『ALBEROブックシェルフ』。そのデザイン性を活かして、本だけではなく、器などをディスプレイ。

DATA

RESIDENT_ 中村 絵美子（なかむら えみこ）
HOUSEMATE_ 夫婦
FLOOR PLAN_ 4LDK
LIVING AREA_ 奈良県香芝市

LAYOUT_ リビングはローテーブルにソファを合わせ、ゆったりとくつろげるスペースに。ダイニングには極力家具を置かず空間のすみ分けをしている。

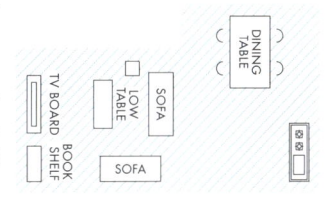

№ 06 LIVING

少ない色数で男性的な部屋に。

Q. お気に入りのスペースはどこですか？
『LIJN AVボード』を中心とした趣味の物を集めた一角です。黒をメインにしたボードやペーパーで統一して、ストイックに見えるように工夫しています。

Q. いつか手にしたい憧れの家具は？
"バタフライチェア"の愛称で親しまれているCuero『BKFチェア』です。独特なフォルムに上質な革を使った座り心地を一度味わってみたいです。

Q. 気に入っている家具は？
『FUNCストレージ』です。ほかにはない緑の色味とデザインは、部屋のアクセントになります。

Q. 今後も使いたい家具はどんな家具ですか？
家具は一緒に生活していく同居人のようなものだと思うので、ずっと暮らしていけるように感じられる、安心感のある家具が良いですね。

LIVING | DINING | OTHER

01. ベッドはデスクと同じ『LUMBER』シリーズ。ベッドの下に収納できる『LUMBER BOX』を置いて、スペースを有効利用している。

02. 『LUMBER-miniデスク』の横には『FUNCストレージ』。アイアンとスチール素材なので、近くに置いても相性がよい。無骨な感じが部屋にとても合う。

03. コンパクトなスペースでも使える『LUMBER-miniデスク』と合わせて使っている椅子は『RICKチェア』。クッション座面で長時間の作業も疲れ知らず。

DATA

RESIDENT_ 後藤 真吾（ごとう しんご）
HOUSEMATE_ 1人暮らし
FLOOR PLAN_ 1DK
LIVING AREA_ 兵庫県神戸市

LAYOUT_ キッチンの横にソファとTVを置いて、簡易ダイニングルームにし、デスクやベッドを置いたプライベートな空間と区別している。

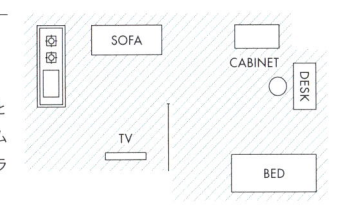

No. 07 LIVING

アンティーク調で揃えた温かみのある部屋。

Q. 家具を選ぶときに気を付けていることはありますか?
子供が家具に傷を付けても、それが味になるような家具を選ぶようにしています。また、部屋が少しでも広い印象になるよう、圧迫感のないデザインを選ぶようにしています。

Q. unicoの家具を購入したきっかけは何ですか?
『ALBERO』のアンティーク調のデザインに一目惚れしたのがきっかけです。本物のアンティークよりも今っぽさを取り入れたunicoの家具がより部屋にしっくりくるんです。

Q. いま欲しい家具はありますか?
今年の夏に第二子が生まれる予定なので、4人家族でゆったり使える大きめのダイニングテーブルを購入したいと思っています。

Q. 一番気に入っている家具は?
『SARAHポールハンガー』です。ハンガー下の空洞になっているスペースに収納用のカゴを置いたら、家族に使いやすいと大好評です。

LIVING | DINING | OTHER

ダイニングに置けるコンパクトな丸テーブルで家族で囲むのに丁度良い『ALBEROダイニングテーブル』。第二子誕生に向けてもう一回り大きいものも検討中。

細身で独特なフォルムの『SARAHポールハンガー』。脚の部分にカゴを置くことで、上着を掛ける以外に、日常的に使っているものを収納する役目も。

DATA

RESIDENT_ 荒木 湧太（あらき ゆうた）
HOUSEMATE_ 夫婦＋子供1人
FLOOR PLAN_ 3LDK
LIVING AREA_ 福岡県福岡市

LAYOUT_ 円形のダイニングテーブルを使うことでスペースを十分に確保しているダイニング。リビングは一段下がっているので自然とすみ分けがされている。

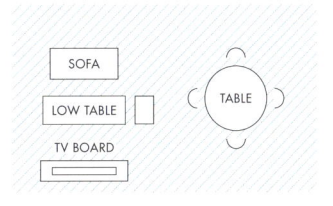

№ 08 LIVING

柔らかな光の入る、安心感のある部屋。

Q. 部屋作りのコンセプトは?
自宅ではリラックスしていたいので、居心地のよさを一番に考えています。

Q. unicoの家具を購入したきっかけは何ですか?
結婚してお互いに気に入った家具を選びたかったからです。

Q. unicoのどこが気に入っていますか?
ずっと前から部屋にあったかのように、すぐに馴染んでくれるところです。

Q. 特に気に入っている家具は何ですか?
『FUNEATベンチ』です。ダイニングチェアだと私には座高が高すぎる感じがするのですが、このベンチは座った時にダイニングテーブルに対しても、ちょうどよい高さで気に入っています。

Q. インテリアでおすすめのものは?
エアプランツやグリーン全般は、気持ちが安らぎますし、お部屋のアクセントになるので小さなものでも置いておくと良いと思います。

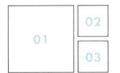

LIVING | DINING | OTHER

01. くつろげるように少し低めに作ってある『FUNEATベンチ』。ダイニングテーブルとベンチを合わせたコーディネートはunicoでも人気の組み合わせ。

02. 『DELAVEカウチソファ』の周りに植物を置いてよりリラックスできる空間に。『VOLTAスツール』はクッションを外して、サイドテーブル代わりに使用。

03. 愛用している『HUTTEキッチンボード』は引き出しがたくさん付いていて、細かい収納が可能。ナチュラルなテイストなので、部屋によく馴染んでいる。

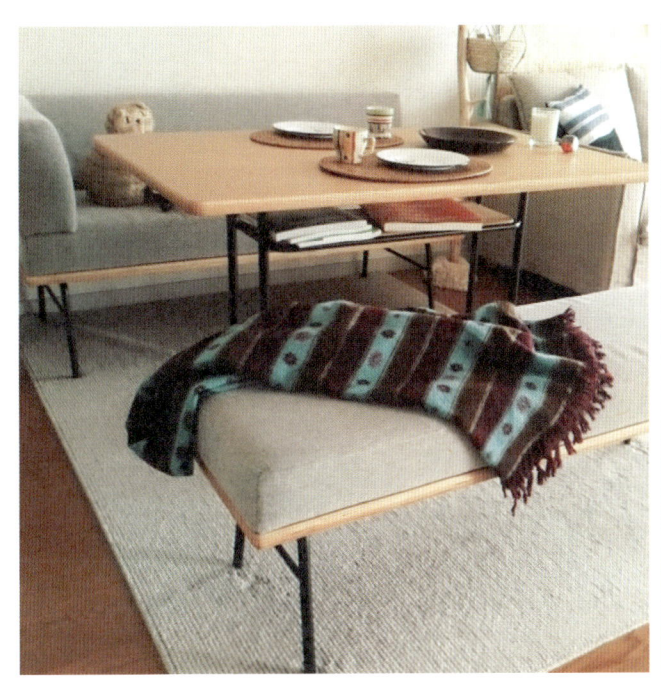

DATA

RESIDENT_ 池川 あすみ（いけがわ あすみ）
HOUSEMATE_ 夫婦
FLOOR PLAN_ 3LDK
LIVING AREA_ 岡山県岡山市

LAYOUT_ ダイニングテーブルの近くにソファを置いて、食卓に座っている人とソファに座っている人とが自然に話せるような家具配置。

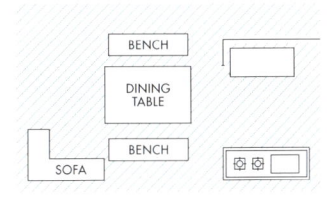

No. 09 LIVING

部屋のアクセントにモビールや小物で工夫。

Q. 部屋作りのコンセプトは？
来客があってもくつろげる空間。私は部屋がシンプルすぎると緊張してしまい、物が多くなりすぎると落ち着かなくなってしまうので、程よい案配で小物を配置するようにしています。

Q. 収納で気を付けていることはありますか？
日用品などは隠して、見せられる雑貨などは厳選してインテリアに。隠すためのBOXやカゴ、布は素材や柄の気に入った物を使っています。

Q. 部屋作りで工夫していることは？
気球のモビールやウクレレなど、面白みのあるインテリアを取り入れるようにしています。最近は植物を増やしていこうと計画中です。

Q. インテリアコーディネートで参考にしているものはありますか？
実際にショップやカフェで空間をどう使っているかを見るようにしています。小物の使い方などアイデアの参考になるんです。

LIVING | DINING | OTHER 047

01. 2人暮らしに丁度良いサイズの『BREATHダイニングテーブル』。使い込むほど味わいが出るチーク材なので経年変化も楽しみ。チェアは『FIX』シリーズ。

02. 普段からくつろぐスペースとして使用している『TERRAソファ』。窓から流れてくる風が心地よく、家の中でも特にお気に入りの場所となっている。

03. リビングとダイニングの仕切りの役割も果たしているシェルフは『GENE』シリーズのもの。至ってシンプルなデザインながら、高い収納力で利便性が高い。

DATA

RESIDENT_ 井上 誠（いのうえ まこと）
HOUSEMATE_ 彼女と2人暮らし
FLOOR PLAN_ 1LDK
LIVING AREA_ 東京都世田谷区

LAYOUT_ リビングとダイニングの区別をするためにシェルフを活用したレイアウト。壁で仕切らずシェルフを使ったことで、風通しもよい。

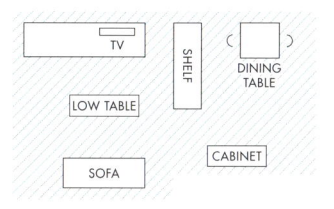

N°. 10 LIVING

北欧ヴィンテージでくつろぎのカフェスタイル。

Q. 部屋作りのコンセプトは何ですか?
木製家具と北欧家具で揃え、カフェでくつろいでいるかのような空間作りをしています。

Q. 家具を選ぶときにこだわっていることはありますか?
デンマークの家具が好きなので、色合いはナチュラルな明るめより、チーク、ウォールナットなどトーンの暗い物を選びます。

Q. unicoの家具のどこが気に入っていますか?
どこか懐かしさのあるデザインです。部屋にある中古の家具とも、とても馴染んでいます。

Q. 収納で気を付けていることはありますか?
ごちゃごちゃした感じが出ないように、外から見えるガラスキャビネット内はBOXを使って収納するようにしています。

Q. 部屋作りで工夫していることはありますか?
照明の高さと明るさ、グリーンの配置です。特にグリーンは多すぎると目立ち過ぎてしまうので、置き場所に注意しています。

01. ダイニングに合わせる収納家具として購入した『HOLMキャビネット』。上に置いている花瓶や木製のお皿などで、全体に落ち着いた雰囲気が出ている。

02. 窓際に置かれた存在感のある『AUTEURガラスキャビネット』。中が透けて見えるため、箱を使った収納とサイズ別にまとめることで、見た目に配慮している。

03. unico勤続記念に買ったという『HOLMダイニングテーブル』。ウォールナット材の木目感がほかの物より木の存在を感じさせ、気に入っている一品。

DATA

RESIDENT_ unico STAFF　福井 真希子（ふくい まきこ）
HOUSEMATE_ 夫婦
FLOOR PLAN_ 1SLDK
LIVING AREA_ 東京都練馬区

LAYOUT_ 部屋の真ん中に小ぶりなテーブルを置いたレイアウト。ほかの家具とのサイズ感が丁度良く、スペースを有効に活用できている。

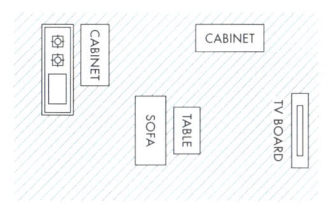

No. 11 LIVING

家具の色調を合わせて統一感のある空間に。

Q. 部屋作りのコンセプトは？
色味を統一して、シンプルでまとまりのある空間を目指しています。

Q. unicoの家具を購入したきっかけは何ですか？
結婚するときに新生活を始めるにあたって、『STRADAキッチンボード』を購入したのが最初です。

Q. 特に気に入っている家具は何ですか？
『HOLM』シリーズは落ち着いた色味とモダンな印象が好みで、リビングの家具一式このシリーズで揃えました。

Q. 収納で気を付けていることはありますか？
どうしても子供の物が増えてしまいがちなので、おもちゃなどを上手くディスプレイするように工夫しています。

Q. 部屋作りの悩みはありますか？
小さな子供が2人いるので、子供も大人も快適に過ごせる空間を目指しているんですが、なかなか難しいですね（笑）。

LIVING | DINING | OTHER

リビングを『HOLM』シリーズで揃えているアライ家は、ダイニングテーブルも『HOLM』。天板の丸みのあるデザインが食卓をやわらかい雰囲気にしてくれる。

結婚生活を始めるときに購入した『STRADAキッチンボード』は今でも活躍中。レンジを載せている部分がステンレスなので、汚れても手入れがしやすい。

DATA

RESIDENT_　アライ ワタル
HOUSEMATE_　夫婦＋子供2人
FLOOR PLAN_　4LDK
LIVING AREA_　福岡県福津市

LAYOUT_ お子さんがいらっしゃるアライさんはTVボードの両脇と、ソファの後ろにも収納家具を置いて、収納スペースを確保するレイアウト。

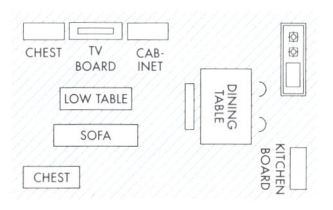

№ 12 LIVING

水色の壁が映える、ヨーロッパのアパルトマンのような一室。

Q. unicoの家具を購入したきっかけは？
結婚生活をスタートする際に買ったのがきっかけです。デザインや種類が豊富だったのでunicoで選ぶことにしました。

Q. unicoのどこが気に入っていますか？
シンプルなデザインなのに飽きがこないところですね。周りのテイストを変えても違和感がないので、引っ越したり、生活の変化があっても長年使える点がよいです。

Q. 部屋のメインになっている家具は何ですか？
椅子が好きなので、椅子がメインになります。色々な種類の物を持っているのですが、それぞれの椅子がよく見えるように、部屋の家具も揃えています。

Q. 家の中で一番好きな場所はどこですか？
窓際のPCを置いているスペースです。PC作業の合間に外の景色を眺めている時間が好きです。

LIVING | DINING | OTHER

01. ソファは部屋の雰囲気を引き立てるよう、シンプルな布張りの『ALBERO』と『VISKA』シリーズ。ローテーブルの代わりにアンティークのトランクを使用。

02. 椅子好きの下澤さんの部屋に置かれているこだわりの椅子たち。座る以外にもスツールなどは、ちょっとした時に物を置くのに利用できるので便利。

03. 水色に塗った壁にマッチするよう選ばれた、松ぼっくりのようなデザインの北欧ペンダントライト。重なった木板の間からやわらかな光が抜ける。

DATA

RESIDENT_ 下澤（しもさわ）
HOUSEMATE_ 夫婦＋子供1人
FLOOR PLAN_ 2L
LIVING AREA_ 富山県下新川郡

LAYOUT_ テーブル代わりに使っているトランクをソファで囲む配置。収納家具は少ないものの壁に取り付けてある棚を上手に使ってカバーしている。

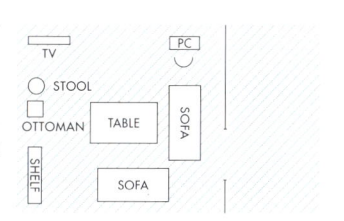

No. 13 LIVING

古民家をアイデアリメイク。

Q. 部屋作りのコンセプトは？
コンセプトはあってなかったようなものでしたが、気がつけばアイアンと木の素材が中心となった部屋が完成していました。

Q. 家具を選ぶときに気をつけていることは？
天井の低さが軽減されるよう、高さだけでなく幅や奥行きの大きさを考えて家具選びをしました。

Q. unicoのどこが気に入っていますか？
リビングにある収納抜群の『BREATHカップボード』です。大容量のお皿やコップ、さらにはキッチン用品まで、とにかくたくさん収納できる優秀な家具で助かっています。

Q. 部屋作りで工夫していることは何ですか？
リフォームOKの物件なので、思い浮かんだアイデアはDIYで実現しています。たとえば、壁に黒板塗料を塗って遊びを入れたり、壁を取り払って広いひとつの空間にしてしまったり。そうした工夫をすることで、愛着のある家になってきました。

LIVING | DINING | OTHER

01.　2Fの部屋に収納がなかったので購入を決めた『LUMBER-miniシェルフ』。本やソーイングセットなどの細々したものも、まとめてすっきり収納してくれる。

02.　子供が生まれてから、部屋の中にモビールやおもちゃなども仲間入り。以前の部屋の雰囲気をキープしながら、キッズアイテムも馴染むような空間ができてきた。

03.　『LUMBERシェルフ』はユーズド感のあるアイアンが気に入って購入。フックやマグネットが使え、棚板の調整もできるので、好きなように収納できるのが◎。

DATA

RESIDENT_　unico STAFF
　　　　　　吉岡 ひとみ（よしおか ひとみ）
HOUSEMATE_　夫婦＋子供1人
FLOOR PLAN_　3LK
LIVING AREA_　京都府京都市

LAYOUT_ 子供が遊べるようにリビングには必要最低限の家具を配置。食事時にはローテーブルがダイニングテーブルに早変わり。

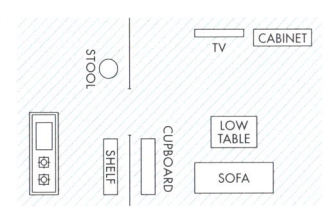

No. 14 LIVING

住みやすく日々改良が続けられる部屋。

Q. 部屋作りのコンセプトは？
部屋作りに完成はないと思っているので、部屋のテイストや雰囲気の参考にできる本やTV、映画などを見て常にお手本を探しています。そうして得たアイデアを少しずつ実現させています。

Q. 家具を選ぶときにこだわっていることはありますか？
使い心地を重視しています。長く使うものなので、自分の生活に馴染むものであるかどうかを、古道具屋や蚤の市へ足繁く通って、実際に見て触って選ぶようにしています。

Q. 収納で気をつけていることはありますか？
並べ方を均一にしたり、見せる雑貨を一番上に置くなど、収まりきらないものは、無理に隠さず見せ方を工夫するようにしています。

Q. インテリアを上手く使うコツは？
しっくりこない時は、模様替えを繰り返すことです。そうするうちに、使い勝手も踏まえたレイアウトが見つかるはずです。

LIVING | DINING | OTHER

01. レザーの質感と座り心地の虜になって購入した『MOLNレザーソファ』。アームの高さが寝たときの首にフィットするのでそのまま寝てしまうこともしばしば。

02. ユーズド感があり、雑然と物を置いただけでも様になる『LUMBER-miniシェルフ』。靴を収納したり、アンティーク食器の収納にも使用している。

03. アンティークが好きな池田さん。古いフレームに入れて飾っている標本や図鑑のページは、掘り出し物を探して足を運んだ蚤の市で見つけた品たち。

DATA

RESIDENT_	unico STAFF 池田 亮二（いけだ りょうじ）
HOUSEMATE_	1人暮らし
FLOOR PLAN_	1K
LIVING AREA_	東京都目黒区

LAYOUT_ リビングにはソファ、ローテーブル、TVボードのみを置いたシンプルなレイアウト。植物やラグで部屋の雰囲気を作り出している。

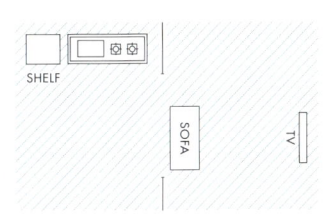

No. 15 LIVING

斜めのレイアウトで限られた空間を面白みのある部屋に。

Q. どんな家具を選ぶようにしていますか？
ずっと使い続けられる物。そして、無駄を削ぎ落としたシンプルな物を選ぶようにしています。使い続けることで、家具の表情が変わっていくのが面白いんです。

Q. 使用しているunicoの家具を購入したきっかけは？
ソファのある暮らしに憧れて、部屋に合うものを探しているときに、背面のフレームもデザインされた『VISKAソファ』が気に入り購入しました。

Q. 部屋作りで工夫していることは？
間取りにとらわれないインテリアレイアウトです。部屋に対してソファやローテーブルといった大きな家具を斜めに配置することで、シンプルな間取りでもガラッと印象を変えることができます。

Q. インテリアでおすすめのものは？
照明は手軽に部屋の雰囲気作りができるので、おすすめです。部屋の各所に小さな照明を点在させて、昼と夜で部屋の印象が変わるようにしています。

LIVING | DINING | OTHER

01. 食事をするテーブルに合わせて購入した『RICKチェア』と『SKOLAチェア』。食事以外でもくつろげるスペースになっています。

02. アイアンフレームのシンプルな『LUMBER-miniシェルフ』に、デザイン性の高い『HARMAN』のアンプスピーカーを置くことで、お洒落な一角に。

03. 昼と夜の印象を変えるのに一役かっている照明。少し暗めの照明を所々に置いて、周りに植物を置くことによって部屋の雰囲気を上手く出すことができる。

DATA

RESIDENT_ unico STAFF　今村 冬士（いまむら ふゆひと）
HOUSEMATE_ 夫婦
FLOOR PLAN_ 2LDK
LIVING AREA_ 愛知県名古屋市

LAYOUT_ 見慣れた景色をガラッと変えるために、間取りに対して、ソファやローテーブルといった家具を斜めに配置したレイアウトになっている。

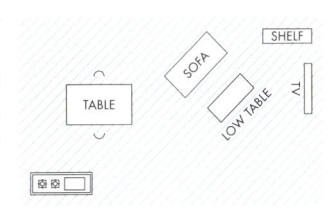

No. 16 LIVING

細かな部分までこだわった、お気に入りワンルーム。

Q. 部屋作りのコンセプトは?
自分が好きなものだけを置くということです。それ以外のものは置かず、目に入らないようにしています。たとえば、機器のコード類はなるべく隠すなど、細かな部分までこだわります。

Q. 部屋作りで工夫していることは?
サイズが合わないものや色が合わないものは、自分で切ったり、塗ったり、必要なパーツを取り付けなどして、部屋に合うように一手間かけています。

Q. unicoの家具のどこが気に入っていますか?
日本の住宅に置くことを考えたサイズ感です。また、別シリーズを買い足してもしっくり馴染むところです。

Q. いつか欲しい憧れの家具は?
持ち家に引越したら、壁掛け家具の『stringシェルフ』を使ってみたいです。あとは『Tse&Tse』や『Astier』の雑貨も憧れです。

LIVING | DINING | OTHER　　　　　　　　　　　　　　　　　061

01. 2人暮らしを始めるにあたって購入した『KURTバタフライテーブル』。鍋や鉄板料理をよくするため、天板の片側は常時上げて広く使用している。

02. 『MOLNレザーソファ』は色が多く使われている江上さんの部屋の引き締め役。レザーは劣化しないので、使うほどに味わいが出てきて愛着が増すとのこと。

03. おすすめしたいというのが、手作りの壁。市販の木板を塗った簡単なもので大丈夫。色を塗り替えたり、釘を打ち込んだりできるので、色々楽しめる。

DATA

RESIDENT_ unico STAFF
江上 小百合（えがみ さゆり）
HOUSEMATE_ 彼氏と2人暮らし
FLOOR PLAN_ 1LDK
LIVING AREA_ 東京都墨田区

LAYOUT_ コンパクトサイズのダイニングテーブルスペースの隣につい立てを使うことで、ゆるやかにリビングとの境目ができている。

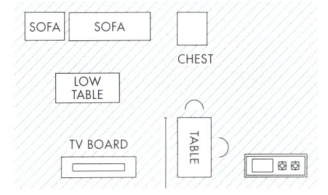

N°. LIVING 17

異素材をバランスよく取り入れた部屋。

Q. 部屋作りで気を付けていることは？
ナチュラルな色使いや素材感で統一した中に、アイアンなどを使ったラフな物を少し入れることで、白っぽいぼやけた部屋にならないようにしています。

Q. 家具を選ぶときにこだわっていることはありますか？
素材感にこだわっています。部屋にマッチしない派手な色味や、艶っぽいものは選ばないようにしています。

Q. unicoのどこが気に入っていますか？
シンプルに見えて、細部にこだわっているところです。取手や使いやすさを考えた細かい部分の角度、木材の質感などにこだわりを感じます。

Q. 部屋作りで工夫していることは何ですか？
部屋に入ってきたときに、入り口から開口部まで視線が抜けるように大きな家具を視線の中に入らないよう配置して、部屋が広く見えるようにしています。

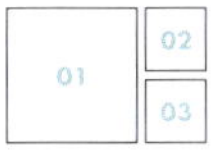

LIVING | DINING | OTHER

01. 部屋作りのメインになる『MOLNソファ』。3年間使っているこのソファの上が一番落ち着く場所。クッションのカバーを変えて季節感を出している。

02. カフェ勤めのご主人が毎日使うコーヒーメーカーが置かれている『WYTHEキッチンボード』。収納は見える場所、見えない場所を意識して整理整頓。

03. ビジュアルの可愛さに、店頭で見たときから、家にレイアウトするシミュレーションをしてしまったほど心を奪われた『CAGEソファ』。

DATA

RESIDENT_ unico STAFF 村上 裕理絵(むらかみ ゆりえ)
HOUSEMATE_ 夫婦
FLOOR PLAN_ 2LDK
LIVING AREA_ 石川県金沢市

LAYOUT_ 入り口に近いダイニングテーブル側に立ったときに、部屋が広く見えるよう、リビングには背の高い家具を置かないようにしている。

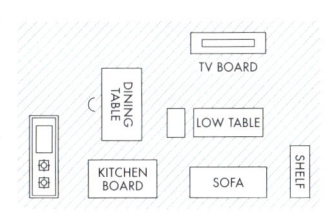

No. 18 LIVING

細身のフレームで空間の見え方を工夫。

Q. 家具を選ぶときにこだわっていることは?
サイズ・デザイン・カラーです。ソファもカラーオーダーのできる『ALBEROソファ』を選択。部屋に合うネイビーブルーにしました。

Q. unicoのどこが気に入っていますか?
シンプルで飽きのこないデザインと、どんなテイストにも合わせやすい柔軟さです。

Q. 特に気に入っている家具は何ですか?
『LUMBER』シリーズは、アンティーク加工されたアイアンフレームの無造作な感じが格好良くて気に入っています。

Q. 部屋作りで工夫していることは?
部屋を広く見せられるよう、脚の付いた家具やフレームの細い家具を選ぶようにして抜け感を出しています。

Q. インテリアコーディネートの参考にしているものは?
unicoのWEBサイトの3Dコーディネートを使用したり、海外スタイリストのInstagramを参考にしています。

LIVING | DINING | OTHER

01. ヴィンテージ加工されたフレームの質感が気に入り購入した『LUMBERシェルフ』。収納によく使っているというアイアンのカゴとも相性が良い。

02. たくさんのフレームを飾って壁一面を外国風のアートなスペースに。ダイニングを照らす『Aalto』の照明が雰囲気を一層強めている。

03. アイアンむき出しのラフな感じが、気に入っているという『LUMBERシェルフ』。小さいサイズは本棚に、ワイドシェルフは食器棚として使用している。

DATA

RESIDENT_ unico STAFF
中野 真季（なかの まき）
HOUSEMATE_ 夫婦
FLOOR PLAN_ 1LDK
LIVING AREA_ 東京都大田区

LAYOUT_ ダイニングに収納をまとめ、リビングはソファ、ローテーブル、TVボードの3点セットを中心に配置して、広々と空間を使っている。

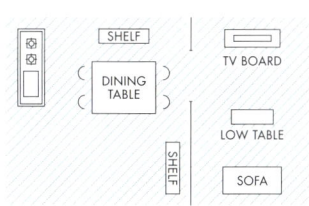

UNICO STAFF'S TIPS

unicoスタッフがリビングで実際に使用しているアイテムについて紹介します。

01
こだわりの磁器照明で落ち着いた印象の部屋

「長崎県の波佐見焼ブランド『HASAMI』の磁器の照明。磁器を通すことで、灯りのトーンが落ち着き、部屋の印象も柔らかくなります」(本社 金井田)

02
家族でゆったり過ごせるレザーソファ

「引越しを機に憧れのレザーソファを購入。のびのびとくつろげるサイズ、程よいホールド感で息子も『MOLNソファ』の上がお気に入りです」(港北店 武藤)

03
unicoで知ったさまざまな用途に役立つ1台

「オットマンはカウチの様に使ってくつろいだり、手の届く位置に置いて、作業をする際に物を載せたり…。1台あるととにかく便利です!」(池袋店 金子)

04
憧れのソファにヴィンテージクッションで味わいを出す

「unico入社前から憧れだった『EVAソファ』。ヴィンテージショップで見つけた1点もののクッションを枕に、くつろいでいます」(あべの店 太田)

LIVING | DINING | OTHER　　　　　　　　　　　　　　067

05
オットマンと合わせて
寝転べる『ALBEROソファ』
「一番好きなスポットは、肌触りのよいリネン素材のクッションを置いているソファ。オットマンと合わせていつもごろごろしています（笑）」（吉祥寺店 佐藤）

06
丸みのある優しい
フォルムのソファ
「柔らかなデザインが◎な『VISKAソファ』（写真奥）。普段私には少し狭く感じる2シーターでも、このソファならゆったりくつろげます」（仙台店 武田）

07
大きなオープンスペース
が使いやすいAVボード
「木の温かみを感じるデザインが好みの『ALBERO AVローボード』。引き戸を開いて、収納できる箱をしまえば引き出しとしても使えます」（二子玉川店 阿部）

08
学生時代に憧れた
『LUMBER-mini AVボード』
「学生の時にバイトをして購入したAVボード。アイアンと木の組み合わせがスタイリッシュで、シェルフの風通しの良さも好きなんです」（福岡店 佐藤）

09
広々シェルフの天板を有効利用

「幅があり、広々とした天板の『BREATHキャビネット』にはお気に入りの雑貨やイラストを飾って、にぎやかで楽しいスポットにしています！」(京都店 山中)

10
無垢材×ラグで、まるで自然の中にいるような気分

「無垢材で作られた『BREATHローテーブル』は、緑のラグと一緒に使用。無垢材のぬくもりとラグがマッチして、自然の中にいるようです」(大分店 辻井)

11
収納たっぷりのAVボード

「収納面が広い『KURT AVガラスチェスト』。機器は今後揃えるので、今は書籍を収納。たくさんしまえるので、ずぼらな私でも収納上手に！」(町田店 伊藤)

12
使う場所を選ばない『LUMBER-miniシェルフ』

「リビングでは趣味のディスプレイとして、キッチンでは調味料の収納に使っているシェルフ。ライフスタイルに合わせて使えるので、重宝します」(二子玉川店 阿部)

13
小さなグリーンはユニークな容器で見せる

「窓辺に置いた小さな植物群。最近は多肉植物に凝っていて、柄や大きさがさまざまな空き缶やマグカップに入れてディスプレイしています」(金沢店 竹内)

LIVING | DINING | OTHER

14
**小さいのに
スペース充実**

「『BREATHローテーブル』は、小ぶりだけれど奥行きしっかり。下にある棚板は、リモコンなどをしまえて、いつもきれいを保っています」（金沢店 竹内）

15
**デザイン性の高い
取手が特徴！**

「『KURTキャビネット』は取手がお気に入り。観音開きの扉の中には書類を収納。内側の棚は高さが調整できて便利です！」（横浜店 足立）

16
**あしらいを抑えたデザ
インでTV鑑賞にも◎**

「木の素材を生かしたシンプルなデザインが特徴の『ALBEROトールチェスト』。TVを置いていますが、余計なあしらいがなく、鑑賞に集中できます」（本社 伊藤）

17
**アームを枕に
休日はお昼寝**

「『MOLNレザーソファ』は使うほどに体に馴染む革の風合いがたまりません。アームの位置が枕に丁度良く、ここで寝転ぶのが至福の時間です」（札幌店 佐藤）

18
ひとり暮らしにぴったりな
コンパクトAVローボード

「『BREATH AVローボード』は引き出しに深さと広さがあり、その収納力の高さに魅かれました。細かな物の収納場所として大助かりです」(新宿店 高橋)

19
思い出の品を
すっきり収納

「unicoで一番最初に購入した家具『LIJNキャビネット』。収納力抜群なので、日用品のほか、捨てられない思い出の品もしまってあります」(船橋店 佐藤)

20
シンプルなフレームを
飾ってインテリアに

「友人から誕生日にもらった白いフレームに、星の形のガーランドをかけてデコレーション。フレームはいろいろな使い方ができるので面白いです」(金沢店 村上)

21
ふたり暮らしへ向けた
くつろぎソファ

「ふたりでくつろぐソファを探していたときに見つけた、座り心地のよい『MOLNソファ』。カバーを外してクリーニングできる点も嬉しいです」(仙台店 三浦)

LIVING | DINING | OTHER

22
ノスタルジックな空間に
しっくりくるソファ
「古い木造建築を生かして、レトロで格好いいイメージにしたいと考え『US21ソファ』に。コンパクトなリビングにもぴったりサイズ！」(本社 鈴木)

23
カジュアルな上質さで
ちょっぴり大人な部屋に
「上質な柔らかいレザーを使った『MOLNレザーソファ』。ブラウンの革が、部屋のシックな色味に合っていたので購入を即決しました」(岡山店 秋國)

24
一日の最後は
ソファでくつろぎタイム
「帰宅したら、とりあえず『EVAソファ』に腰掛けてOFFモードに。座ってみると見た目以上にゆったり感が味わえ、疲れた身体が癒されます」(金沢店 金谷)

25
スリットの入った扉で
収納スッキリ
「実家で色違いを愛用していた『LIJN AVローボード』を新居にも置くことに。扉の部分に入った横格子が、ほどよい軽さを演出します」(本社 川原)

26
お気に入りのオブジェと
フレームでにぎやかに
「『LUMBERスモールシェルフ』の上にディスプレイしたお気に入りのオブジェ。フレームに好きなプリントを入れるだけでも様になります」(横浜店 中野)

27
飾り気のないユニセックスな
『LUMBER』シリーズ
「アンティーク加工されたフレームが特徴の『LUMBER-mini AVローボード』。隣の『AUTEURカップボード』との相性のよさから購入」(港北店武藤)

28
2.5シーターの
ゆったりデザイン
「『EVAソファ』は背面が高く、体を委ねられるんです。ふたつのクッションもふんわりと感触がよく、枕代わりにしてくつろいでいます」(町田店 伊藤)

29
クッションを
枕代わりに日光浴
「日差しがたっぷりと差し込む私の部屋。休日は可動式の背もたれを枕にして『ALBEROソファ』に寝転んで日光浴を楽しんでいます」(本社 渡部)

LIVING | DINING | OTHER　　　　　　　　　　　　073

30
小柄なのに収納ばっちりな
キャビネット
「『KURTキャビネット』（写真右）は収納力抜群。TV台としてもちょうどよかったので、家ではTV台兼収納スペースとして活用しています」（神戸店 渡邊）

31
unicoの代表格
ともいえるソファ
「unicoと言えば素朴であたたかみのあるデザイン。イメージ通りの『ALBERO』のソファ！ 別売りのカバーを買って、模様替えも楽しめます」（二子玉川店 阿部）

32
背もたれのホールド感が
お気に入り
「たくさんのソファを座り比べましたが、『VISKAソファ』が断トツ一番。背もたれが背中をしっかり支えてくれる座り心地はたまりません」（船橋店 佐藤）

33
お気に入りの本やアクセサリーを
ディスプレイ
「『KURTシェルフ』は、控えめに佇むコンパクトさが気に入っています。棚板の高さを変えられるので、気分によって置く物を変えています」（本社 名取）

ROOM STYLE BOOK with unico

34

35

36

37

34
背もたれの丸みが心地よい
2人掛けソファ

「家に帰るとまっすぐ『SOPHIEソファ』に向かい、一息。背もたれの丸みは、背中を預けやすく、そのままウトウト。気付けば朝ということも…」(吉祥寺店 前田)

35
配置変えをよくする人に
おすすめしたいソファ

「座面の取り外しが可能で、ソファ+オットマンとしても使える『DELAVEカウチソファ』。模様替えをよくするので、形を変えられるのは◎」(本社 川原)

36
祖父母もお気に入りの
『ALBEROソファ』

「ゆったりとした2人掛けソファは、祖父母も愛用している世代を超えて使えるタイプ。固めのウレタンで安定感のある座り心地が魅力です」(町田店 太田)

37
unicoの定番アイテムは
どんな部屋にもOK

「10年来の付き合いになる『ALBEROワイドシェルフ』。大量の本の収納に使っていますが、お気に入りの雑貨も置いていきたいです」(本社 川原)

LIVING | DINING | OTHER

38
コンパクト収納で
トータルコーディネート
「収納家具はコンパクトで収納力のある『KURT』シリーズで統一。『SOPHIEソファ』はピンクを選び、部屋のアクセントにしています」(横浜店 足立)

39
植物の魅力を引き立てる
シックなキャビネット
「季節の枝ものや花を飾るスペースに使っている『HOLMキャビネット』。ウォールナット材の落ち着いた雰囲気が植物と調和して気に入ってます」(本社 福井)

40
シンプルな色味のソファは
布もので変化をつける
「『FIVEソファ』は、カバーの柄やクッションに素材感のあるものを使いイメージチェンジ。小物でガラリと印象を変えられるので、おすすめです」(新宿店 塚本)

41
座面がサイドテーブルに
早変わり
「座面がしっかりしている『ALBEROソファ』。トレイを使えば飲み物を置くこともでき、サイドテーブル代わりにもなって便利なんです」(福岡店 伊東)

FURNITURE Q&A
家具の悩みをunicoが解決

Q

そんなに広くない住まい。家具を置いても部屋が狭く見えない方法ってありますか。

A. 圧迫感のない背の低い家具、淡い同系色の家具がおすすめ。

背の低い家具やアイアン製といった線の細い家具を選ぶと、圧迫感を抑えられます。高さのある家具を置きたい場合は側板がないもの、脚付きで床が見えているものなど、抜け感のあるものを選びましょう。また色味は黒やブラウンよりも淡い同系色で揃えると、ふわっと明るい印象になり、部屋が広く感じられます。そしてレイアウトにも一工夫を。部屋へ入った瞬間に家具で遮られて奥が見えなかったり、座った時に視線の位置に大きな家具があると圧迫感を感じてしまいます。

おすすめの家具は、細身の脚が付いた「HOXTON AVボード」や淡い色の「LYSソファ」など。家具の下に少しスペースができるだけで印象がだいぶ変わるはずです。

FURNITURE Q&A

077

自分の部屋に合った家具の選び方や収納上手になる方法など
インテリアで悩みがちな質問に
家具のエキスパートであるスタッフに答えてもらいました。

Q

シェルフの収納が上手くできません。上手な整理整頓の仕方を教えてください。

A. カゴや箱を利用してまとめて収納。
シェルフはS字フックの活用も。

収納において大切なポイントは、見せるものと見せないものの線引きを決めること。たとえば食器でも、お気に入りの作家のものは棚に飾って、普段使いのものは見せずにカゴやお気に入りの箱に入れて収納すると、メリハリがついてオシャレな雰囲気になります。また、シェルフの横にS字フックをかけて袋を吊り下げ、その中にこまごまとしたものを収納するのもおすすめです。棚にものを置く際は上に小さいもの、下に大きいものと、重心を下にもってくるとバランスよく見えます。

『SIGNEトールシェルフ』は、箱を入れたりアレンジがしやすくおすすめ。『ALBEROブックシェルフ』はシンプルなデザインでディスプレイしやすい収納家具です。

COLUMN

Q シーズンごとに季節感を出したいです。何か良いアイデアはありますか。

A. ブランケットやクッションなどの布ものを利用しましょう。

ソファまわりのファブリックアイテムで季節感を演出するのがおすすめです。たとえば同じラタンの椅子でも、エスニックテイストのクッションを組み合わせると夏っぽく、温かみのあるファーのブランケットやニット素材のクッションをプラスすると冬らしくなります。また、ラグも印象をガラッと変えてくれる味方です。春夏はさらっとしたウールリネンや薄手のコットン素材、ブルー系の涼しげな色を。秋冬はふわふわした毛足の長いものや暖色系の色を選ぶといいでしょう。

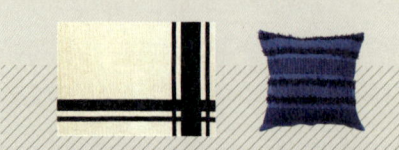

シンプルなデザインのアクリルラグは配色で印象を変えやすく、おすすめ。『インレイニットクッション』は軽い質感のコットン素材で通年気持ちよく使えます。

FURNITURE Q&A

Q

和室を素敵にコーディネートしたいです。和室に合うような家具ってありますか。

POINT

POINT

A. 木のぬくもりが感じられる北欧テイストの家具がおすすめです。

和室と相性がいいのが、北欧ヴィンテージテイストの家具。木の素材感と曲線的なデザインが和の雰囲気に合います。木は白っぽいすっきりした色よりも、チーク材やウォールナット材といった温かみのある色を選びましょう。2シーターと1シーターのソファをむかい合わせにして、あえて応接間のようなレイアウトにすることで和室の趣きが生き、部屋にリズムが生まれるのでおすすめです。また、背が低く、コンパクトなL字ダイニングを置いてもおしゃれな雰囲気に仕上がります。

『VISKAソファ』はやわらかなフォルムと落ち着いたカラーが和の雰囲気にもマッチ。『LIJNキャビネット』も簾を感じさせるような雰囲気で日本家屋に合います。

CHAPTER_02
—
DINING

& unico

—

家の中でも特に生活感の出やすいダイニング。食器棚やダイニングテーブルといった大きなインテリアが中心となるからこそ、それぞれのサイズ感や素材感に十分にこだわって、食事した後でものんびり過ごしたくなるような、理想のダイニングを目指してコーディネートを考えましょう。

LIVING | DINING | OTHER   081

FURNITURE of DINING
HOW TO CHOOSE

---

01. DINING CHAIR
ダイニングチェアはキッチン周りの動線を考えた選択をしないと、ストレスを感じることがあります。最近は、スペースを考えて、背もたれのないベンチタイプの物を選ぶ人も多くなってきています。

02. CUPBOARD
カップボードのような収納家具を選ぶ時は、内寸を計測して、持っている食器をしっかり収納できるかチェック。キッチンツールまで収納したい場合は、キッチンボードを選ぶようにしましょう。

03. SHELF
雑貨をディスプレイしたり、本や洋服を収納するなどさまざまな用途に使えるシェルフ。気分で収納するものを変えたい人は、棚が外せるタイプのシェルフを選ぶと便利です。

04. DINING TABLE
ダイニングテーブルを選ぶ際に知っておきたいのが食事をするときの1人分のスペース。一般的に60cm×40cmと言われ、4人家族であれば、120cm×80cm以上のテーブルがおすすめです。

必要な家具はしっかりと取り入れながらも、自由に動けるスペースを確保。家具の大きさやレイアウトのこだわり、きちんと収納もされているのでゆったりと過ごすことができる。

LIVING | **DINING** | OTHER   083

№ 01 DINING

LDKを上手に使ったゆったり空間。

q. インテリアの色の取り入れ方を教えて下さい。
家具は白と茶色の2カラーをメインに、ラグや照明は赤やシルバーといったアクセントが効くアイテムをセレクト。家具と雑貨で色にメリハリをつけることで、一角一角に存在感のある空間を演出することができます。

q. 部屋作りで工夫していることはありますか？
雑貨をディスプレイに取り入れるときには、ジャンル分けして飾ることがポイントです。まとめることで、細々としたものもまとまりを出すことができるんです。

q. 家具を選ぶときに意識していることは何ですか？
年齢を重ねても、長く愛用していけるかどうかを一番に考えます。

q. 使用しているunicoの家具を購入したきっかけは？
アイボリーの風合いとレトロなチェッカーガラスのデザインの食器棚は、見た目だけでなく収納力抜群の実用性が購入の決め手でした。

ROOM STYLE BOOK with unico

シンプルな家具×デコラティブな照明や小物使いで、足し引き算の空間作りが上手な上羽さん。さまざまなジャンルのアイテムがひとつの空間にしっくりとおさまっている。

LIVING | **DINING** | OTHER　　　　　　　　　　　085

アイボリー色で優しい雰囲気の
『U-CUBEキャビネット』。収納力
抜群で、上羽家の食器をすべてこ
の食器棚が収納している。

DATA

RESIDENT_ 上羽 智子（うえば ともこ）
HOUSEMATE_ 夫婦＋子供1人
FLOOR PLAN_ 1LDK
LIVING AREA_ 大阪府大阪市

LAYOUT_ リビング、ダイニング、子供の勉強スペースと多くの役割を果たすワンルーム。ソファなど大物家具を端に寄せて余白を活かした配置。

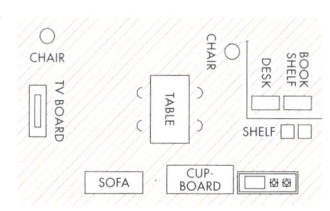

No. 02 DINING

木の手触りを大切にした、
ぬくもりのある家。

Q. 部屋作りのコンセプトは？
運営しているギャラリーで扱った作家さんの作品を置いた、好きなものが詰まっている家です。

Q. unicoの家具を購入したきっかけは？
建築家の方が木のぬくもりを感じられる家にするとのことだったので、そのイメージに合う家具を探していました。そのときにunicoでこのテーブルを見つけ、イメージにぴったりだったので購入しました。

Q. unicoのどこが気に入っていますか？
天然木本来の風合いを感じる木目の感じが好きです。木の柔らかい感触が気持ちよく気に入っています。

Q. インテリアグッズでおすすめはありますか？
部屋の雰囲気をがらりと変えたいときは、手軽に取り入れられる布が重宝します。ダイニングルームの窓には、インドの布を扱う『CALICO』の布をカーテンのように使用しています。

LIVING | **DINING** | OTHER

作り付けの家具の中に、unicoのダイニングテーブルがしっくりときている浅野家。クリーンな木製の質感が家の中を明るくしてくれている。

ROOM STYLE BOOK with unico

自宅からすぐの場所でfudokiというギャラリーを運営する浅野さん。作家さんの作品を家にもディスプレイして、インテリアに遊びを取り入れるのが得意。

LIVING | **DINING** | OTHER   089

部屋のイメージに合わせて選んだ、明るい色の『SIGNEダイニングテーブル』。子供がいるので、天板の角が丸いところも判断基準になった。

DATA

RESIDENT_ 浅野 佳代子（あさの かよこ）
HOUSEMATE_ 夫婦＋子供1人
FLOOR PLAN_ 1DK
LIVING AREA_ 東京都板橋区

LAYOUT_ 建築時に作り付けてもらった家具が多く、インテリアは少なめだが、それだけにテーブルやソファの大物家具が際立っている。

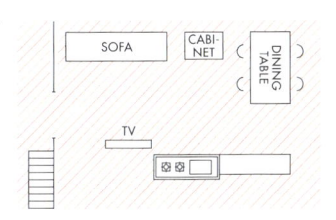

No. 03 DINING

DIYで自分の住みたい部屋を作る

Q. 部屋作りのコンセプトは?
木材をメインにしたあたたかみのある部屋作りをテーマにしています。

Q. unicoの家具を購入したきっかけは?
食器棚は結婚記念日に購入したものです。結婚12年という節目だったこともあり、長く使える家具を買いたいなと思って、購入しました。

Q. コーディネートの参考にしているものは?
SNS投稿サイトの『RoomClip』です。投稿している皆さんがそれぞれ個性的な部屋作りをしているので、とても参考になります。

Q. 家具を自身で改良したりすることはありますか?
ここ数年、DIYをするようになりました。キッチンの窓の棚も自分で作ったものです。当初は小さなものだったのですが、食器などが増えるたびに作り足しをしていたら、いつの間にか窓一面になっていました。

LIVING | **DINING** | OTHER 091

クロスになった脚のデザインがお気に入りだという『STRADAダイニングセット』。背もたれのないベンチタイプなので、キッチン周りの動線が機能的になった。

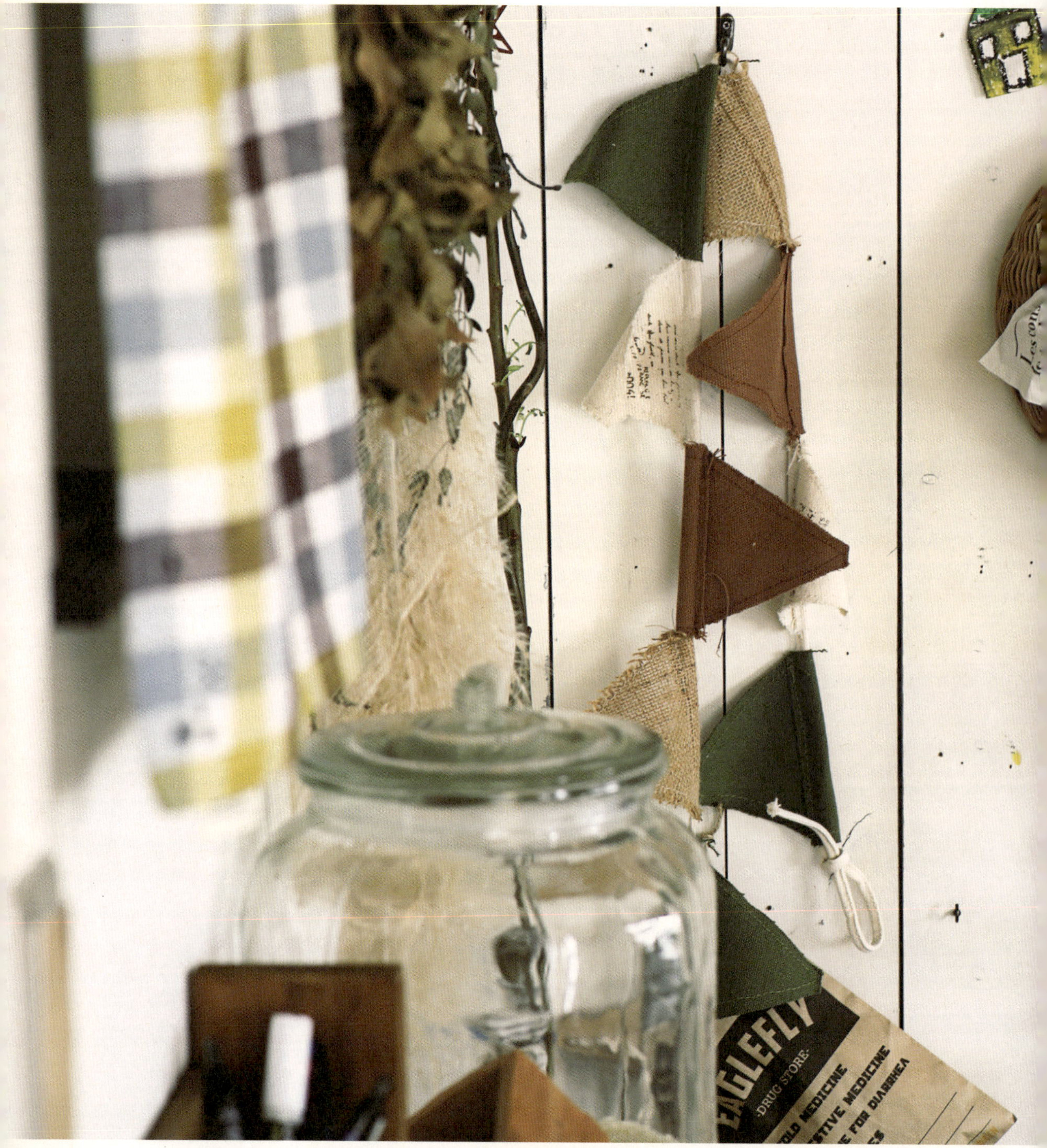
EAGLEFLY
-DRUG STORE-

LIVING | **DINING** | OTHER

093

冷蔵庫を隠すための壁もDIYで作った。最近は、アイテムを壁にかけてディスプレイすることにハマっていて、フックなどを上手く使って、自分らしい空間を演出している。

キッチンの窓に作った棚にはグリーンや小さな雑貨が並ぶ。デッドスペースになりがちな、小さなスペースでもアイデアを使って有効利用し、部屋に個性を出している。

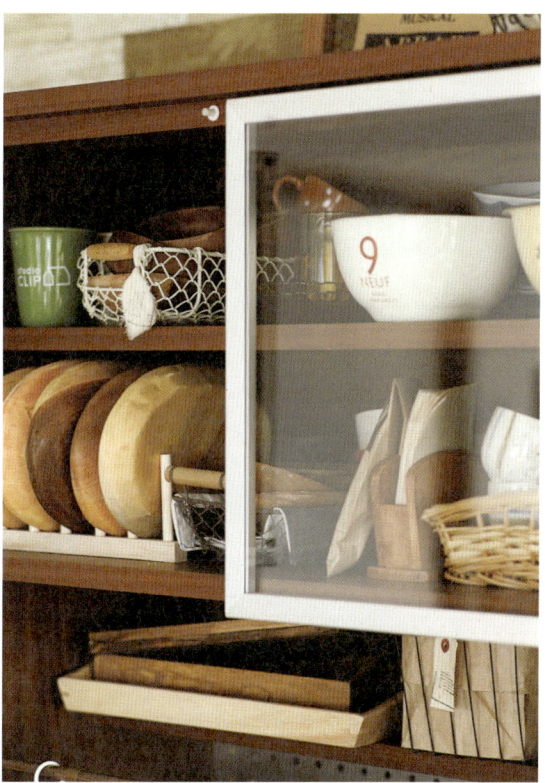

LIVING | DINING | OTHER

ステンレス素材がアクセントの『STRADAキッチンボード』。食器が見えないように、収納部分が多いタイプを選んだという。

DATA

RESIDENT_ 松本 弘美（まつもと ひろみ）
HOUSEMATE_ 夫婦＋子供1人
FLOOR PLAN_ 3LDK
LIVING AREA_ 神奈川県横浜市

LAYOUT_ 家具のレイアウトをよく変えるという松本家。気分でレイアウトを変え、新たに生まれたスペースにDIYでインテリアを作っていく。

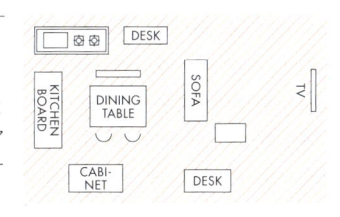

No. 04 DINING

無垢材や観葉植物、小物でリゾート感を演出。

Q. 部屋作りで工夫していることはありますか?
部屋のテーマがリゾートなので、イメージに合った観葉植物を置いてみたり、カラフルなフラッグを使うことで、部屋全体の色の使い方を工夫して、リゾート感を出せるように考えてコーディネートしています。

Q. 使用しているunicoの家具を購入したきっかけは何ですか?
シリーズごとに色々な種類の家具が揃っているのでトータルコーディネートが可能だったことです。

Q. unicoのどこが気に入っていますか?
木のぬくもりある質感を活かしたデザインです。特に無垢材を使用した『BREATH』シリーズは気に入っていて、unicoのスタッフさんからアドバイスをしてもらい、家の中に置いてあるほとんどの家具をこのシリーズで揃えているほどです。

Q. 家の中で一番好きな場所はどこですか?
リビングです。大好きな家具や緑に囲まれて、家族で過ごせる場所なので。

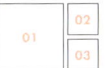

LIVING | DINING | OTHER

01. unicoでトータルコーディネートされている中村さん。ダイニングテーブルとチェア、ソファはチーク無垢材を使用した『BREATH』シリーズのものを使用。

02. アンティークの看板風の時計は中村さんのお気に入り。グリーンを入れたカゴには電飾を付けて、部屋のテーマであるリゾート感を演出している。

03. 機械類が多くなり、どうしても無機質になりがちなTV周りに『BREATH AVチェスト』を使うことで、無垢材のやわらかな素材感で優しい印象に。

DATA

RESIDENT_ 中村 真弓（なかむら まゆみ）
HOUSEMATE_ 夫婦＋子供2人
FLOOR PLAN_ 4LDK
LIVING AREA_ 石川県金沢市

LAYOUT_ unicoでインテリアをトータルコーディネートした中村さん。リビング、ダイニングともに過不足ない家具が並ぶレイアウト。

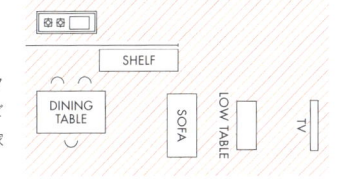

No. 05 DINING

抜けのある、和室付きダイニング。

Q. unicoの家具を購入したきっかけは何ですか?
結婚する際、カップボードを探しているときにお店に入ったのがunicoとの出会いでした。2年前にマンションをリノベーションするときには、unicoのダイニングテーブルを置くことを中心に間取りを考えました。

Q. unicoのどこが気に入っていますか?
リーズナブルな価格帯なのに、しっかりとした作りで、木のあたたかみを感じられるところです。

Q. レイアウトはどのように考えられていますか?
ダイニングテーブルやラグなど面積が大きく、存在感のあるものを中心にレイアウトを考えるようにしています。

Q. 家の中で一番好きな場所はどこですか?
小上がりになっている和室です。ベンチ代わりになり、来客がたくさんあっても座れるので、憩いの場になっています。

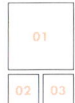

LIVING | **DINING** | OTHER   099

01.　ダイニングの中心に置かれているのは『SUK』のテーブルとベンチのセット。ダイニングテーブルにしてはコンパクトな作りなのでテーブル周りの動線に困らない。

02.　ダイニングの横にある和室は一段高い小上がり仕様。無垢材を使った木のぬくもりを感じさせる『BREATHローテーブル』が、和室のテイストともマッチする。

03.　壁が青いため、あまり多くの色を使わないようにしているという羽田さん。インテリア雑貨の所々に上手くアクセントとなる色味を取り入れている。

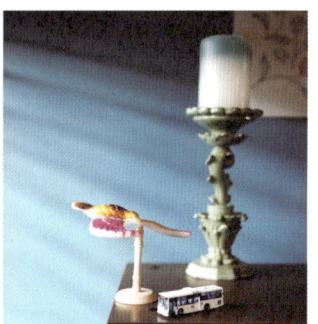

DATA

RESIDENT_　羽田 文代（はた ふみよ）
HOUSEMATE_　夫婦
FLOOR PLAN_　2LDK
LIVING AREA_　岡山県岡山市

LAYOUT_ 和室の小上がりのある広々としたダイニングルーム。真ん中にダイニングテーブルセットを置いて、大人数でも集まれるレイアウトとなっている。

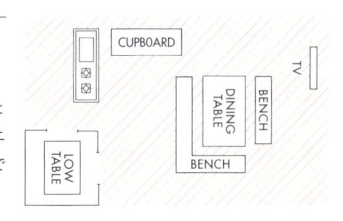

No. 06 DINING

白と木材を基調としたナチュラルな部屋。

Q. 収納で気を付けていることはありますか？
大きな家具を置くスペースがないので、小ぶりな家具に上手く収納できるようBOXなどを活用。収納小物などの色のトーンを合わせて全体の統一感を出すようにしています。

Q. 部屋作りで工夫していることはありますか？
ベースの色のトーンを揃えて、気分や季節で差し色を考えるようにしています。

Q. レイアウトで悩んでいることは？
OSB素材（写真右部分）の壁が実用的な使い方ばかりになってしまっているので、ディスプレイのアイデアを考え中です。

Q. 家の中で一番好きな場所はどこですか？
ダイニングです。テーブルでPC作業をしたり、食事もできる。1日のほとんどをここで過ごしているので、生活の中心になっています。

Q. 今後も使いたい家具はどんな家具ですか？
機能的なデザインで、ほかの家具などとマッチするものが良いと思います。長年使うものなので、壊れにくいというのも重要ですね。

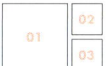

LIVING | **DINING** | OTHER

01. ダイニングセットはアッシュ材を使用したナチュラルテイストの『SIGNE』シリーズ。床の色とマッチした色合いや木目が気に入って購入したとのこと。

02. unicoで見つけたブックスタンドは、部屋にあるインテリアグッズの中でも特に気に入っているそう。お皿を立てかけて飾ったりもできる、万能アイテム。

03. 作り付けの棚にはお気に入りの雑貨を多数置いている。掛け時計も壁に掛けるのではなく、棚に置いてみると、いつもと違ったように見え、インテリアのひとつに。

DATA

RESIDENT_ 金刺 礼子（かなざし れいこ）
HOUSEMATE_ 1人暮らし
FLOOR PLAN_ 1DK
LIVING AREA_ 静岡県富士市

LAYOUT_ 作り付けの棚をTVボードや書棚として使い、収納する物の大半をしまっているため、大きな家具のないシンプルなレイアウト。

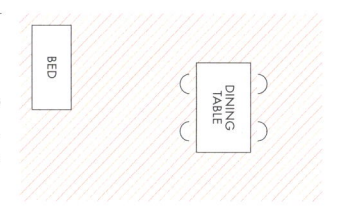

N°. 07 DINING

スペースを考えたスマートな部屋作り。

Q. 部屋のテーマは何ですか？
新しいアイテムと懐かしさを感じるアイテムをミックスすること。

Q. unicoのどこが気に入っていますか？
さまざまなスタイルに合わせられ、使い方で表情が変わること。小ぶりなものが多く、狭い間取りに置きやすいのもいいですね。

Q. 部屋作りで工夫していることは？
植物の置き方です。鉢植えだけではなく、ガラス瓶に差したり、ハンギングなどを使って、いろいろと飾り方の変化をつけています。

Q. 家の中で一番好きな場所は？
ソファを置いたリビングです。unicoの『FIVEソファ』は背もたれが高く、包み込まれるような感覚で、長い時間座っていても、ゆったりとできるので気に入っています。

Q. 今後も使いたい家具は？
引っ越しをしたり、生活が変化したりしても、用途や置き場所を変えて長く使い続けられるものです。

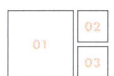

LIVING | **DINING** | OTHER

01	02
—	—
	03

01. ソファとTVボードの間の狭いスペースにも置きやすいスリムな『HOLMローテーブル』。テーブルを囲んで友人と鍋などを楽しんだりすることも。

02. レトロなデザインのソファを探していて見つけたのが『FIVEソファ』。主張し過ぎない色合いと、ゆったりとした座り心地が気に入って購入を決めた。

03. 収納力の高さで役立っている『LIJNキャビネット』。扉のスリットのおかげで通気性がよく、湿気に強いので、大切な本などをしまうのに最適なのだという。

DATA

RESIDENT_ unico STAFF 山岡 里佳子（やまおか りかこ）
HOUSEMATE_ 夫婦
FLOOR PLAN_ 2DK
LIVING AREA_ 神奈川県横浜市

LAYOUT_ ダイニング部分には食器棚など必要な物のみを配置。リビングはTVボード、ローテーブル、ソファの並びをコンパクトにまとめた。

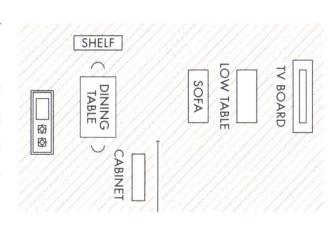

UNICO STAFF'S TIPS

unicoスタッフがダイニングで実際に使用しているアイテムについて紹介します。

01

02

03

04

01
食事はもちろん
くつろぎスペースとしても

「『WYTHEダイニングセット』はL字のソファ型ベンチで広々過ごせるのが◎。ベンチのアームを背もたれにして、のびのびできます」（横浜店 米田）

02
少し飛び出た側板を
S字フックで活用

「ちょっとしたスペースにも置ける、小ぶりな『KURTカップボード』。側板が飛び出ているので、S字フックにエプロンを掛けて有効活用！」（京都店 山中）

03
スリムな外見でも
収納◎

「食器収納が欲しくて購入した『AUTEURキッチンボード』（写真右）。お気に入りの食器を飾っています。見た目以上に収納力抜群です」（港北店 武藤）

04
天板と脚、異素材の
組み合わせがGOOD

「オーク突板とスチールの異素材の組み合わせが気に入った『FUNEATダイニングセット』。ベンチタイプの椅子でうたた寝してしまうことも（笑）」（船橋店 山口）

LIVING | DINING | OTHER

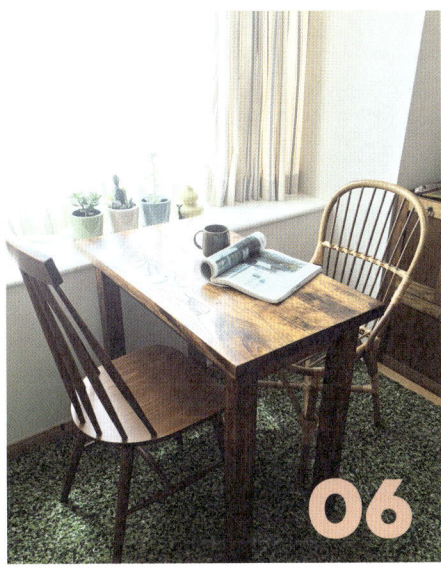

105

05
見せる収納を
したい人におすすめ
「アイアンを使った棚に食器を飾りたい、という好奇心で購入した『LUMBERシェルフ』。上には食器、下の棚には調味料などを収納」(福岡店 佐藤)

06
素材の違うチェアを配し
ダイニングに動きを
「デザイン、素材感の違う『KOTONAハイバックチェア』と『CAGEチェア』でコーディネート。異素材の組み合わせで遊びのある空間に」(北千住店 松永)

07
抜けのある風通しのよい
見た目ですっきり収納
「部屋をコーディネートする際に便利なのがアイアンのカゴ。壁に取り付ければ、棚に早変わり。風通しのよい見た目ですっきりとした印象に」(横浜店 中野)

08
異素材を組み合わせた
『WYTHEキッチンボード』
「側板がなく、すっきりとした見た目のキッチン棚(写真左奥)。棚の下にあるスチール部分がモダンな印象で部屋にマッチして気に入っています」(本社 水上)

ROOM STYLE BOOK with unico

09
10年、15年と使える
木目のきれいなテーブル
「札幌店勤務のときに、スタッフ全員から結婚祝いで頂いた『BREATHダイニングテーブル』。チーク材特有のツヤがあり、経年変化も楽しめます」(町田店 太田)

10
ゆったりと食事を
楽しめるダイニングセット
「ダイニングセットとソファ両方を兼ね備えた『SUKダイニングセット』。ソファを置いていない、我が家の食卓兼くつろぎスペースになっています」(池袋店 山田)

11
ふたり暮らしの
ダイニングにぴったり
「『RICKチェア』と合わせて使っている『KURTバタフライテーブル』。PC作業をしても、ゆったりと使える広さがうれしいです」(池袋店 大亦)

12
ステンレス素材が
調理器具とマッチ
「冷蔵庫脇に、ぴたりと収まった『STRADAキッチンカウンター』。よく使うホーローのポットや鉄鍋がステンレス素材と相性がよく気に入っています」(本社 福井)

LIVING | **DINING** | OTHER   107

13
来客時に便利な
伸長式テーブル
「天板が伸長する『KURTバタフライテーブル』は、来客の多い方におすすめ。大勢で食卓を囲むときには、天板を伸ばして料理を楽しみます」(町田店 矢部)

14
手入れのいらない
ドライフラワーを活用
「シンク周りにドライフラワーやアンティークのナイフスタンドを置いて、オシャレに。ドライフラワーは手入れがいらず、おすすめです」(横浜店 中野)

15
サイズ展開が豊富な
キャビネット
「サイズが豊富な『LIJNキャビネット』。我が家では2つのサイズを組み合わせて設置。作り付けのようなぴったりの寸法に」(本社 鈴木)

16
コンパクトな収納を
並べてスペースを確保
「『U-CUBEレンジスタンド』と『LUMBER-miniシェルフ』を並べてキッチン収納に。幅40センチとコンパクトなシェルフは、棚板も移動ができ、とても便利」(本社 江上)

CREATOR'S RECOMMEND

クリエイター8人が選ぶ、unicoの家具

---

recommender_01
TAMAMI KUBOTA

ARTIST　　　　　　　　　　　　AGE:37

HOLM CORNER AV LOW BOARD
北欧＋和のモダンテイストで、日本家屋になじみます。部屋の角にぴったり置けて、スペースを効率的に使えます。

HOXTON DINING TABLE W1860
インダストリアルとモダンのミックススタイル。天板の切り替えとメタルフレームの脚部がアクセントになっています。

デッドスペースになりがちな部屋の角に『HOLMコーナーAVローボード』を使うことで、少しでも部屋を広く見せられればと思い選びました。背の高い観葉植物や照明などを置いて、部屋に自分らしいエッセンスを加えたいです。『HOXTONダイニングテーブル』は、アトリエの作業スペース用に。デスクワークは広いスペースが必要なので、作品を創ったり画材を置いたり、さまざまな使い方ができそうです。

久保田珠美／アーティスト。愛知県立芸術大学大学院修了。国内外で個展、グループ展多数。1999年ひとつぼグランプリ、2004年毎日広告デザイン賞優秀賞など受賞。さまざまなメディアを通じて作品を発表している。

---

recommender_02
MANABU HARADA

STYLIST　　　　　　　　　　　　AGE:43

YARD DESK LIGHT
サーフやアメリカンヴィンテージのテイストを感じるデスクランプ。オーク材とスチールの組み合わせが絶妙です。

MARKS SOFA 2S
ヴィンテージテイストのソファ。レトロなフォルムと、落ち着いたトーンの生地で懐かしい印象に。

ガレージで車整備をする際に開いたボンネットに掛けたりして使う作業用のライトから発想を得たと思われる『YARDデスクライト』。ローキャビネットの上に置き、ライト部分を上に傾けて、壁に貼ったポスターを下から照らすのに使いたいです。『MARKSソファ』は、小ぶりなサイズで、角の取れた丸みのあるフォルムに'60Sのアメリカ家具にも存在した良い雰囲気が感じられ、家に置いておきたいと思いました。

原田学／京都府出身。スタイリスト。ヴィンテージやアンティークへの造詣の深さから、ヴィンテージアイテムを主体としたコーディネートを得意としている。著書に『THE SUKIMONO BOOK』シリーズなど。

CREATOR'S RECOMMEND

さまざまな分野で活躍中のクリエイターが
unicoの製品ラインナップから使ってみたいインテリアをセレクト。
使ってみたい環境や、使い方のアイデアについて聞きました。

---

recommender_03
YAYOI ARIMOTO

PHOTOGRAPHER　　　AGE:45

BREATH TALL SHELF
無垢材をそのまま生かしたトールシェルフ。用途に合わせて便利に使える可動式棚で、たっぷり収納できます。

DEP LEATHER SOFA 3S
ボックスタイプで、どっしりと包み込まれるような座り心地のソファ。アニリン染めのフルグレインレザーを使用。

革の味わいが好きなので、『DEPレザーソファ』を選びました。植物性のタンニンでなめした革は経年変化が楽しめそう。冬にはブランケットを掛けて使えば、部屋の気分も変えられそう。無骨な感じのデザインの『BREATHトールシェルフ』はどこに置いても画になりそうで気に入りました。キッチンで食器を並べたり、観葉植物を置いたりするだけでなく、部屋のパーテーション代わりに使ってみるのもよいかなと思います。

在本彌生／東京都出身。大学卒業後、外資系航空会社で乗務員として勤務、2006年に写真集の出版を機にフリーランスフォトグラファーに転身。雑誌、広告、展覧会で写真作品を発表している。

---

recommender_04
RUI ARISAKA

CINEMA STAFF　　　AGE:39

MOLN SOFA 3S
北欧スタイルを取り入れた、ふっくらとしたフォルムのソファで「雲」を意味するネーミング通りの座り心地。

ALBERO LOW TABLE
オーバルシェイプが優しい印象のローテーブル。圧迫感がなく、スペースの取りやすいフォルムになっている。

『MOLNカバーリングソファ3シーター』は寝転がって北欧映画を楽しむために選びました。通称「ごろりシネマ」。『ALBEROローテーブル』は、映画鑑賞には欠かせないシナモンロールとコーヒーを置くためにチョイス。ベッドで読書を楽しむためのサイドテーブルにも良さそう。赤白のストライプが可愛いフィンランドのキャンディ『Marianne』の缶も一緒に並べて、気ままに読書の時間を楽しむのもいいですね。

有坂塁／移動映画館「kino iglu」代表。中学校の同級生・渡辺順也と共に設立。さまざまな空間で、世界各国の映画を上映。映画のイメージに合わせた、ライブ、展示なども開催し、作品の世界を色々な形で表現している。

COLUMN

---

recommender_05
SATOMI YAMAUCHI

PHOTOGRAPHER AGE:29

CAGE SOFA 1S
鳥かごをイメージした、ラタンの軽やかなデザイン。手作りならではの味わいがあり、安定感のある丈夫な仕上がり。

SKOLA BENCH
「学校」を意味するシリーズ。名前通り、学校で使われていたようなデザイン。物を置けるシェルフ付きです。

「CAGEソファ」は椅子のフォルムとシンプルな白地がいいなと思って選びました。気分を変えたい時の替えカバーも可愛いものがあって◎。日の当たるベランダに2シーターのソファとセットで置いてくつろぎたいです。ベンチタイプの『SKOLA』の椅子は、座るだけでなく、棚代わりに使うのも良さそうだなと思いました。寝室に置いて雑誌や雑貨、好きな写真などをフレームに入れて飾れば雰囲気が出そうです。

山内聡美／神奈川県生まれ。幼少期の8年間をアメリカで過ごす。都内スタジオ／フォトグラファーアシスタントを経てフリーランスとして活躍する傍ら、写真展を開催するなど作家活動も精力的に行う。

---

recommender_06
KAITA SUZUKI

DESIGNER/ILLUSTRATOR AGE:41

ALBERO CUPBOARD
懐かしく、温かみのある北欧ヴィンテージスタイル。木のやわらかな表情と、丸みを帯びた脚部でやさしい印象です。

KOTONA DINING CHAIR
70年代北欧スタイルを取り入れた、曲げ木やスポークが特徴の椅子。7本のスポークがリズム感を生み出します。

最近引っ越して、リビングの横の壁に漆喰を塗ってから、木の色合いがとても映えるようになったので、チーク材を使った『ALBEROカップボード』をぜひ置きたいです。『KOTONAダイニングチェア』はアンティークショップで見かけたチェコ製の椅子に似ていて、とても気になりました。軽そうなのもいいですね。以前チェコを旅したこともあって、チェコ的なイメージに親近感があるのかもしれません。

鈴木海太／2010年ブックレーベルNANDI BOOKを設立、2冊の本をインドにて印刷。2012年制作会社エレナラボに所属。女性誌、旅行誌での取材執筆撮影、アパレル、書籍など幅広くイラスト、デザインで活動中!

CREATOR'S RECOMMEND

recommender_07
SUMIRE TAYA

SHOP OWNER　　　　　　　　AGE:29

ALBERO BOOKSHELF M
斜めにカットされた側板で圧迫感がなく、棚板は単行本、文庫本、A4ファイルがぴったり入る設計です。

NOTE DESK
懐かしさとリメイク感を残した、コンパクトで機能的なシリーズ。天板は用途に合わせて広々と使うことができます。

制作作業をする時、資料を広げると机の上がすぐに手狭になってしまいます。『NOTEデスク』なら天板を広げられるので、その悩みを解消できそうですね。ライトなど、お気に入りのインテリアと組み合わせて使いたいです。『ALBEROブックシェルフ』は温かみのあるデザインが気に入りました。リビングルームのソファの隣に置いて、自分のお気に入りの本やDVDと一緒にヴィンテージの食器を飾っておきたいです。

多屋澄礼／インディポップという音楽ジャンルを軸に執筆を手掛ける。女性DJグループTwee Grrrls Club主宰、レーベル＆ショップ、Violet And Claireのオーナーとして、女性作家や海外の雑貨などをセレクト。

recommender_08
TAKAFUMI MATSUMURA

PHOTOGRAPHER　　　　　　AGE:40

FUNC STORAGE
古いロッカーのようなインダストリアルなデザイン。木製家具との相性もよく、さまざまなテイストにマッチします。

KOTONA COLORED CHAIR
北欧ヴィンテージスタイルを、モダンに解釈したチェア。ベーシックな形に、木目の透け感を残したカラーリングです。

『FUNCストレージ』は、無骨な見た目と素材感が気に入りました。珍しいグリーンやブラウンカラーもいいですが、使うならシルバーですね。仕事部屋に置いて書類などの収納場所として使えば、仕事ができそうな気がします。ダイニングに置いて使いたいのが、『KOTONAカラードチェア』。ラグやクッションなどのヴィンテージ素材のファブリックと一緒に使えば、シンプルなダイニングの差し色に使えそうですね。

松村隆史／1975年富山県生まれ。写真家。大学中退後、スタジオに勤務。2000年からフリーランスとして活動を開始。撮影対象は人、物、風景と多岐にわたる。国内のみならず、海外での撮影も広くこなしている。

CHAPTER_03

—

OTHER

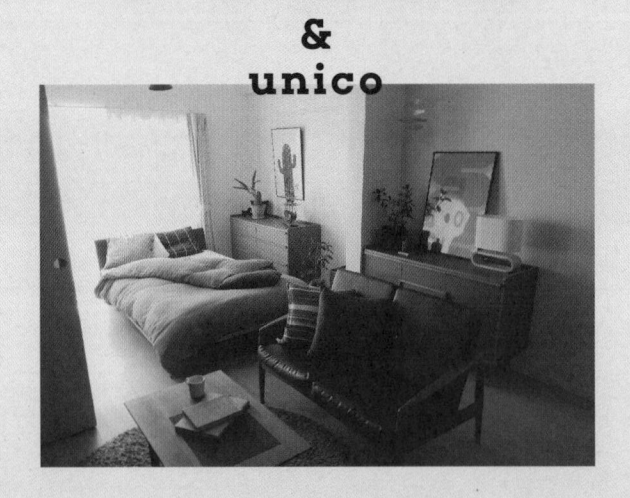

& unico

—

寝室や子供部屋などのパーソナルスペースもそれぞれの目的やスペースに合わせたインテリアを選んで、住まいをトータルコーディネートしてみましょう。魅せるためのスペースではなく、個人のスペースだからこそ、趣味のものなどを活かした個性的な空間作りを。そうすることでインテリア選びが楽しくなってくるはずです。

LIVING | DINING | **OTHER**

FURNITURE of OTHER
HOW TO CHOOSE
—

01.
BED
大物家具のベッドはスペースが重要。シングルなら6畳、セミダブルを置くなら8畳のスペースは欲しいところ。スペースを有効利用したいなら、収納付きのベッドという選択肢も。

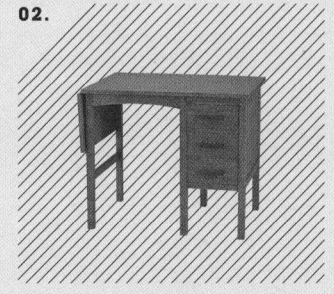

02.
DESK
自室で勉強や作業をする際に置いておきたいのが個人のデスク。実際の作業をイメージしてみると、必要な大きさがわかります。目的別に広く使いたいという方は、伸長できるタイプがおすすめです。

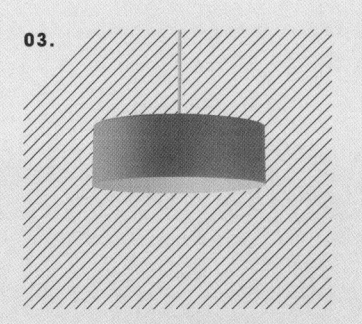

03.
LIGHT
ライトには大きく分けて、全体照明と間接照明の2つの種類があります。部屋全体を照らす全体照明と、部分的に明かりを当てて陰影を出す間接照明を上手く取り入れて、自分に合った雰囲気作りを。

04.
CURTAIN
面積の大きい布物は部屋の印象をガラッと変えられるアイテムだけに、選ぶ時の注意も必要。特に柄物などは部屋に置いたときの雰囲気を具体的にイメージしながらじっくり選びましょう。

№. OTHER 01

コンパクトな家具で開放感を大切にした部屋。

Q. unicoの家具を購入したきっかけは？
一目惚れです。『LUMBER』も『SKOLA』も展示品を見てとても気に入り、買わなきゃ後悔する、身近に置いておきたいという気持ちから購入を決めました。

Q. 収納で気をつけていることは？
雑貨など細々とした持ち物が多くて、なかなか整理が難しいので、用途ごとにボックス分けして、ざっくりとでも場所がわかる収納をしています。

Q. 家で一番好きな場所は？
リビングです。『TERRAソファ』の座り心地がよくて、家ではだいたいリビングにいます。

Q. 今後購入予定の家具は？
使い心地のよさとデザイン性が共存していて、トレンドや趣味が変化してもずっと好きでいられるような家具です。

Q. 今後も使いたい家具はどんな家具ですか？
長く使えるのはもちろん、魅力的な箇所が多くても飽きのこないデザインの家具です。

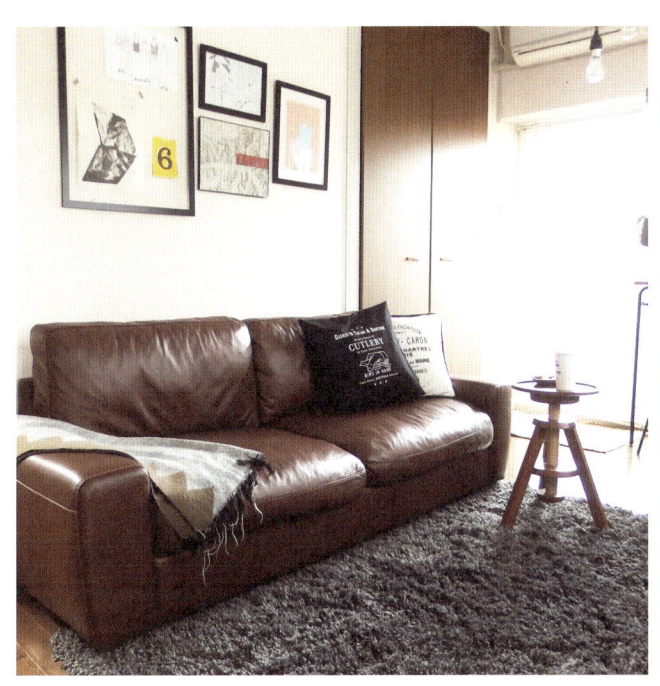

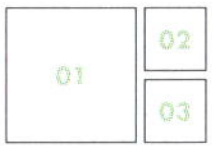

LIVING | DINING | **OTHER**

01. フェザーを使った柔らかな座り心地の『TERRAソファ』。体勢を変えても座面がフィットするので、ソファを寝転がって使う人におすすめ。

02. 作業台を探していて、PCを置くのにぴったりサイズの『SKOLAカウンター』を購入。スリムで場所を選ばず、部屋のあちこちで活躍している。

03. 旦那さんが足場材を利用してDIYで作ってくれたダイニングテーブル。お互いの体のサイズに合うように作られているので、使い心地抜群。

DATA

RESIDENT_ unico STAFF
井手元 友美（いでもと ともみ）
HOUSEMATE_ 夫婦
FLOOR PLAN_ 1LDK
LIVING AREA_ 福岡県福岡市

LAYOUT_ 大きな家具を少なめに、コンパクトで収納力が高い家具を適所に置くことで、スペースを有効利用した家具のレイアウトになっている。

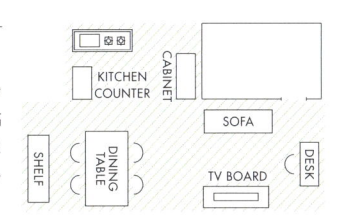

No. OTHER 02

こだわりの品を眺めながら暮らす部屋。

Q. 部屋作りのテーマは何ですか?
とにかく自分が今興味あるものを置く。テイストや素材感、色味もバラバラだけど、その雑多感を楽しむようにしています。

Q. 家具を選ぶときにこだわっていることは?
機能性や使いやすさよりも、見た目が気に入ったものを買うようにしています。

Q. よく利用するインテリアショップは?
植物を買うときは農園へ、食器を買うときは窯元など、作られている場所に直接出向いて買うことが多いです。物の良さを知って、長く大切に使えるものを見極めるためにバックグラウンドを知ることがとても大切だと思っているからです。

Q. いつか欲しい憧れの家具は?
ウェグナーのJ16ロッキングチェアという椅子ですね。「安楽椅子」と言われる名作ロッキングチェアで、座って揺られながら眠りについてみたいです。

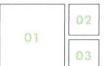

LIVING | DINING | **OTHER**

01	02
	03

01. コレクションを収納するために選んだ『ALETTEガラスキャビネット』。キャビネットというとアイアン製のものが多いが木材を使用しているので、素材のぬくもりが感じられる。

02. アメリカ先住民が使っていたテント・ティピ。キッズサイズだが、意外と広く、インテリアとしてだけでなく、中で雑誌を読んだりすることも。

03. イギリスの人気書店で購入した世界のロボットが集結したポスターと、unicoがコラボしたアーティスト、ロブ・キドニーのポスターを並べて飾っている。

DATA

RESIDENT_ unico STAFF
金井田 諭（かないだ さとし）
HOUSEMATE_ 1人暮らし
FLOOR PLAN_ 1K
LIVING AREA_ 東京都文京区

LAYOUT_ こだわりのコレクションが数多くある金井田さんだが、収納家具は少なくガラスキャビネットに集約。すっきりとしたレイアウトになっている。

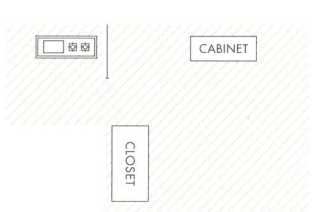

CABINET

CLOSET

No. OTHER 03

店舗で得たコーディネートのコツを実践した居心地のよい空間

Q. 部屋作りのテーマは何ですか?
気に入ったものと必要なものしか置かないようにして、アトリエのような自分だけの空間作りを目指しています。

Q. どんな家具を中心として部屋作りを考えますか?
ソファやベッドといった、部屋の中で広いスペースを占めるものによって印象が左右されると思うので、そういったサイズ感の大きいものを中心として考えています。

Q. インテリアコーディネートについて参考にしているものは?
unicoでは、定期的に店舗内のインテリアレイアウトを変更するのですが、そこで「こんな組み合わせ方があるのか」と学ぶことが多く、ディスプレイの参考にしています。

Q. インテリアグッズでおすすめのものは?
ガラスケースがおすすめです!アクセサリーや、ドライフラワーを入れるとアート要素が強くなって素敵なインテリアになります。

LIVING | DINING | **OTHER**

01. 部屋のメイン家具となっている『ALBEROキャビネット』。天板上が縁付きのデザインなので、収納だけでなく、飾り棚としても使用している。

02. 額縁にドライフラワーをデコレーションしたオブジェ。さまざまな色味の花を組み合わせ、シンプルな部屋に彩りを添える役目を果たしている。

03. 長年使っているベッドは部屋の中で、一番リラックスできる場所。お気に入りのクッションをいくつか置いてソファ代わりにも使用している。

DATA

RESIDENT_ unico STAFF　片山 香緒里（かたやま かおり）
HOUSEMATE_ 1人暮らし
FLOOR PLAN_ 1K
LIVING AREA_ 広島県広島市

LAYOUT_ キッチン横のワンルームで生活のほとんどを過ごせる配置。TVの反対側に位置するベッドをソファ代わりにすることも。

CABINET　STOOL
LOW TABLE
BED

N_O. OTHER 04

同一サイズのチェスト&キャビネットで統一感を。

Q. 収納で気を付けていることはありますか?
上段から順番に使用頻度の高い物を収納するようにして、収納場所を大まかに把握。物をすぐに取り出しやすいようにしています。

Q. おすすめのインテリアは?
部屋の明るさを調整しやすいテーブルライトがあると、ライティングをいろいろと楽しめるので、おすすめです。

Q. unicoの家具を購入したきっかけは?
『ALBEROキャビネット』は、服を収納するためのチェストを探していた時に出会い、戸棚と引き出しを組み合わせたデザインに魅かれて、他の収納家具とは違った見え方になるのではと思い購入しました。

Q. インテリアを上手く使うコツは?
定期的にインテリアの配置を動かしてみることです。気分転換になりますし、部屋が広く見えたり、いろんな発見があります。何度も繰り返すと自分の生活にあった家具の配置が見つけられます。

LIVING | DINING | **OTHER**

普段、コーヒーを片手にTVを見ながらくつろぐことが多いという名和さん。落ち着いた印象の『HOLM AVボード』がリラックスできる空間を演出している。

一番好きな場所だというベッドルーム。『ALBEROワイドチェスト』にはグリーンやインテリアを飾ったり、ベッドサイドテーブル代わりに使うこともあるという。

DATA

RESIDENT_	unico STAFF 名和 孝幸（なわ たかゆき）
HOUSEMATE_	1人暮らし
FLOOR PLAN_	1DK
LIVING AREA_	福岡県福岡市

LAYOUT_ 一部屋を生活スペースの場として家具を集約。もう一方の部屋はベッドルームとして、チェストとベッドのみの配置となっている。

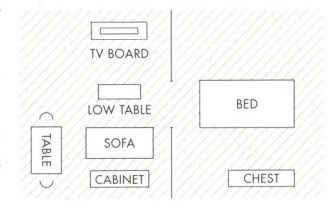

No. 05 OTHER

ロッカー型キャビネットで子供部屋にアクセントを。

Q. 家具を選ぶときに気を付けていることはありますか？
部屋が広く見えるように、なるべく背が低く、明るい色の物を選ぶようにしています。

Q. unicoの家具が好きな理由は何ですか？
シンプルなデザインなのに、どこか懐かしい、ヴィンテージっぽさがあるところが好きです。

Q. 部屋作りで工夫していることはありますか？
以前はベッドを置いていたのですが、スペースを広く使いたかったのと、ベッドカバーが部屋の雰囲気を左右するので、布団を出し入れするようにし、スペースをより有効に使うようにしました。

Q. オススメのインテリアアイテムはありますか？
unicoの『FUNCストレージ』は家具には珍しい落ち着いた雰囲気のグリーンで特別感があります。さらに、扉には磁石が付くので、プリント類を貼れたりと、見た目だけでなく使い勝手も良いんです。

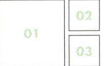

LIVING | DINING | **OTHER**

01	02
	03

01. 子供部屋に置かれたロッカータイプの収納『FUNCストレージ』。高さが約1メートルと、子供の身長でも使いやすく、子供部屋にもマッチする収納インテリア。

02. 子供の記念写真などをまとめたスペース。写真や雑貨など、ひとつのテーマを決めてまとめることで、何気ない部屋の一部も見応えのある一角になる。

03. 掃除用具もインテリアのひとつとして考える宮部さん。イギリス製の掃除機ヘンリーは顔をモチーフにした可愛らしいデザインで子供もお掃除好きに。

DATA

RESIDENT_ 宮部 里香（みやべ りか）
HOUSEMATE_ 夫婦＋子供2人
FLOOR PLAN_ 2DK
LIVING AREA_ 静岡県藤枝市

LAYOUT_ 宮部家の子供部屋は勉強机に服や、学校用品をしまっておくキャビネットといったシンプルな配置。寝具をベッドから布団に変え、スペースが生まれた。

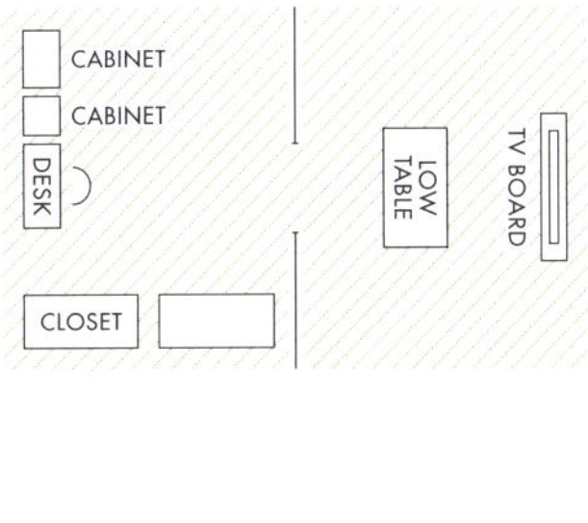

UNICO STAFF'S TIPS

unicoスタッフがプライベートなスペースで実際に使用しているアイテムについて紹介します。

01

02

03

04

01
華奢なデザインでも、たっぷり収納

「2人暮らしですが、『STELLAワイドハンガー』は私の専用家具。上段・下段、サイドにも引っ掛けられる、洋服の量が多めな私の味方です」(仙台店 阪本)

02
流木などを使って、フック代わりに

「アクセサリー類はキャビネットに収納するほか、樹木のオブジェに吊るして収納。凹凸のある木はいろいろ掛けられるのでおすすめです」(名古屋店 今村)

03
装飾品が並ぶキャビネットの前で身だしなみをしっかりチェック

「装飾品を綺麗に飾るために購入した『BREATHコレクションチェスト』。出かける前はいつもこの前でコーディネートを確認してます」(名古屋店 今村)

04
腰掛けスツールをサイドテーブルに

「ふたりとも椅子好きなので、スツールやチェアが家のあちこちに!『VOLTA』(写真左)は座面を外し、サイドテーブルとして愛用中」(仙台店 阪本)

LIVING | DINING | **OTHER**

05

06

07

08

05
経年変化も楽しめる
コレクションチェスト
「シンプルで無造作なデザインの『BREATHコレクションチェスト』。アクセサリーなどを飾って、いつでも眺められるようにしています」(堀江店 大野)

06
すっきり見える
ダブルベッド!
「同棲をスタートした際に購入した『LUMBERダブルベッド』。枠組みだけのシンプルなデザインなので、4畳半に置いても重たく見えないのがうれしい」(札幌店 斎藤)

07
インダストリアルなデザインの
多目的ロッカー型収納
「メンズライクな家具が好きな私の心を掴んだ『FUNCストレージ』。収納したものをがっちりと守ってくれそうなビジュアル、耐久性が魅力です!」(福岡店 井手元)

08
小さなスツールを生かして
グリーンスペースに
「廊下のちょっとしたスペースにある癒しのグリーンコーナー。スツールの下にはガーデングッズをまとめて収納しています」(横浜店 中野)

ROOM STYLE BOOK with unico

09
コンパクトなのに収納力抜群 ディスプレイも楽しめる
「可動式棚、引き出し付きと、見た目からは想像できない、収納力に優れた『KURTライティングデスク』。植物やアクセサリーを飾って楽しめます」(港北店 池田)

10
表情を変える 無垢材シェルフ
「『BREATHワイドシェルフ』の魅力はなんといってもチークの無垢材！日が差すと明るくナチュラルな表情、照明を落とすと穏やかな表情を見せます」(あべの店 石本)

11
コンパクトサイズで ベッドサイドにぴったり
「ベッド脇に飲み物などを置く台が欲しくて、クラシックなデザインが気に入った『ALETTEサイドチェスト』を選びました」(大分店 神之門)

12
植物を置く場所に ちょっとした工夫を
「小学校で使われていた椅子に植物を載せています。小さなキリムのラグを使ったり、少しの工夫でグリーンをよりよく見せられるんです」(金沢店 村上)

LIVING | DINING | **OTHER**

14

15

16

13
蚤の市で見つけた古時計を素敵なオブジェに

「蚤の市で見つけた『SEIKO』のねじ巻き振り子時計。今もねじを巻けば動きますが、音が大きいため、動かさずにオブジェとして飾っています」(湘南店 池田)

14
アレンジ次第でどこでも使える便利な収納シェルフ

「オーディオコーナーとして使っている『LUMBER-miniシェルフ』。キッチンで使用したり、服や雑貨を置いたり、模様替えのたびに活躍します」(札幌店 斎藤)

15
飾りながら収納できる「見せる収納家具」

「集めているネックレスを飾りたくて、収納もできる『BREATHコレクションチェスト』をセレクト。スライド式なので楽に取り出せるのも◎」(名古屋店 小川)

16
マグネットで小物を貼り変えて気分転換

「収納が少ない部屋の救世主となっている『FUNCリビングボード』。マグネットのフックを使って帽子を掛けたりと、簡単な工夫で機能性もアップ」(本社 大木)

unico SELECT ITEM
CURTAIN
unicoのおすすめインテリアアイテム・カーテン編

TEXTILE

お手軽にお部屋の印象や気分まで変えてくれるカーテン。カジュアルなチェック柄や、繊細な刺繍を施したもの、エスニック柄、可愛い動物柄など、ほかでは出会えないオリジナルデザインを豊富に取り揃えています。厚地カーテンとレースカーテンの組み合わせを選んだり、季節ごとに新しい柄もリリースされるので、シーズンごとにお気に入りの柄を選んで模様替えを楽しめます。

FUNCTION

unicoのオリジナルカーテンはデザインだけでなく、使用する部屋での過ごし方に合わせて選べるこだわりの機能がたくさんあります。光を通さない遮光や紫外線から肌や家具などを守るUVカット、透けにくいミラーレースなど、より生活を過ごしやすくサポートしてくれます。形状記憶と遮光の機能はお好きなカーテンにプラスすることができるので、柄によって機能を制限されることはありません。

unico SELECT ITEM 129

幅広いラインナップを揃えたunicoのオリジナルカーテン。
しっかりとした厚地カーテンや、光をやわらげるレースも充実。
品質にこだわったunicoでしか出会えないものがたくさん。

MATERIAL

カーテンに使用している上質なリネンやコットンなどの素材は、伝統の繊維産地から届けられます。天然素材そのものの質感を生かすため、染色から織布・加工まで、すべての工程にこだわって、熟練された職人の手仕事で丁寧に仕上げています。また、unicoのオリジナルカーテンはすべて品質管理された国内の縫製工場で作っているので、小さなお子さんがいる家庭でも安心してお使いいただけます。

FRECCIA　TWEEDY
NASIR　LUCIA
GRAIN　MARTHE
KONOPI　SALINA

PATTERN

グラデーションのジグザグ柄『FRECCIA』やドットがポイントの『MARTHE』といったデザインで見せるものから、ネップステッチが特徴の『GRAIN』、民族テイストの模様がアクセントとなっている『SALINA』といった刺繍を施したものまで、さまざまなテイストに合わせたカーテンが揃っています。好みのコーディネートに合わせてお気に入りの1枚をunicoで見つけてください。

unico SELECT ITEM
RUG
unicoのおすすめインテリアアイテム・ラグ編

01. ACRYLIC ORDER RUG

アクリルラグはシンプルなものからユニークなものまで、unicoでしか出会えないオリジナルデザインがいっぱいです。30柄・46色から自由に組み合わせでき、形やサイズも選べるので自分だけの1枚が簡単に作れます。

RHINO
その名の通り、潔くインパクト大なサイのシルエット。ビビッドなカラーを効かせてポップにも、モノトーンでメンズライクにも。

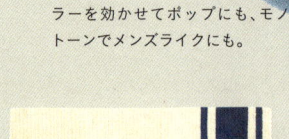

ENKEL
シンプルでナチュラルなチェック柄。あえて2トーンですっきりシンプルにするもよし、3色使って色の組み合わせを楽しんでみるもよしです。

PAVE
石だたみのようなリズムのあるパターンが面白い『PAVE』。色使いを楽しんで遊び心ある部屋のアクセントとして。

PARKET
木のピースを組み合わせた、寄木のようなデザイン。配色次第でポップにもベーシックにも雰囲気が変化します。

HANOKI
弓矢をイメージさせるネイティヴモチーフには、友好の意があります。真ん中で分かれた2トーンカラーがアクセント。

WELLE
静かに、ゆるやかにうねりを描く波のようなモチーフ。配色次第では山に見えたり、炎のゆらぎのようにも見えます。

unicoのオリジナルラグは素材が豊富。
色・柄・サイズも自由に選べて、自分だけの1枚を。
季節に合わせて模様替えを楽しんでください。

02. WOOL LINEN RUG

強く撚ったウールとワックス加工のリネン糸をミックスさせた、ウールリネンラグ。吸湿性、保温性に優れており、さらっとした素材感なので夏場でも快適に過ごすことができます。

おすすめカラーは、素材感と色の組み合わせがガーリーな『mix PINK』（写真右）と落ち着いた雰囲気で部屋のテイストを選ばず使える『mix ALMOND』（写真左）。

03. COTTON RUG

ひとつひとつハンドメイドで丁寧に仕上げられるコットンラグ。コットン100％なのでさらっとした自然な肌触りで、オールシーズン使っていただけるラグになっています。

模様にリボンが隠れた『COTTON RIBBON LINE RUG』（写真左）。『COTTON MIX YARN RUG』（写真右）は素材の異なる糸で織られ、素材感を楽しめます。

HOW TO MAKE RUG?

国産にこだわり、注文を受けてから国内の工場で職人の手作業によって作られるunicoのラグ。ここではアクリルラグの作り方を紹介します。

01 パイルを撚り合わせる
02 柄の下絵を描く
03 パイルを1本ずつ打ち込む
04 パイルの根元を固定する
05 長さを刈り揃える
06 基布を折り返す

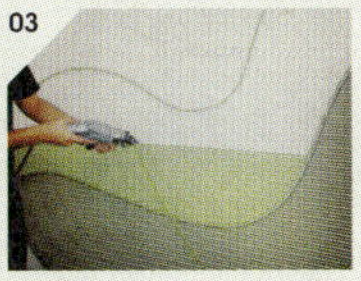

unico SELECT ITEM
LIGHT
unicoのおすすめインテリアアイテム・ライト編

PENDANT LIGHT

コードやチェーンで天井から吊り下げる照明器具ペンダントライト。unicoには、シャンデリアのようなデコラティブなものから、傘のついたシンプルなフォルムのライトまで幅広く取り扱いがあります。特に木枠を使ったあたたかみのあるタイプはunicoならではの面白味のあるライトで人気です。

FLOOR LIGHT

蛍光灯の明かりだけの味気ない空間に程よいアクセントを与えてくれるフロアライト。スペースを取らないシャープなフォルムの照明が揃っています。マイクスタンドをモチーフにしたフロアライトなど、unicoならではの遊び心を感じるラインナップとなっています。

DESK LIGHT

作業スペースを照らす役割として使われるデスクライト。unicoでは、機能性を重視しながらもヴィンテージテイストに仕上げたものや、ファブリックのシェードを使ったものなど、デザインにこだわったデスクライトが揃っています。

生活をする上で欠かせない照明。
部屋の雰囲気を決める大切なインテリアでもあります。
ユニークな照明で個性的な空間にしませんか。

UNIQUE LIGHT

unicoの照明アイテムにはほかにはない独特のフォルムをした物がたくさんあります。キャラクターのシルエットを取り入れた物や、外国風のサインランプ、ロープをコード代わりにしたものまで、オリジナリティ溢れる照明を使えば、個性的な空間を演出できること間違いなしです。

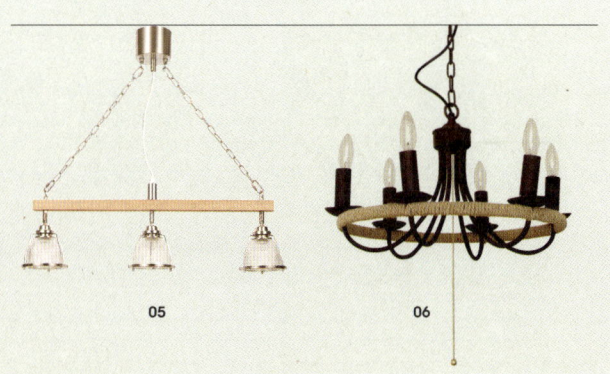

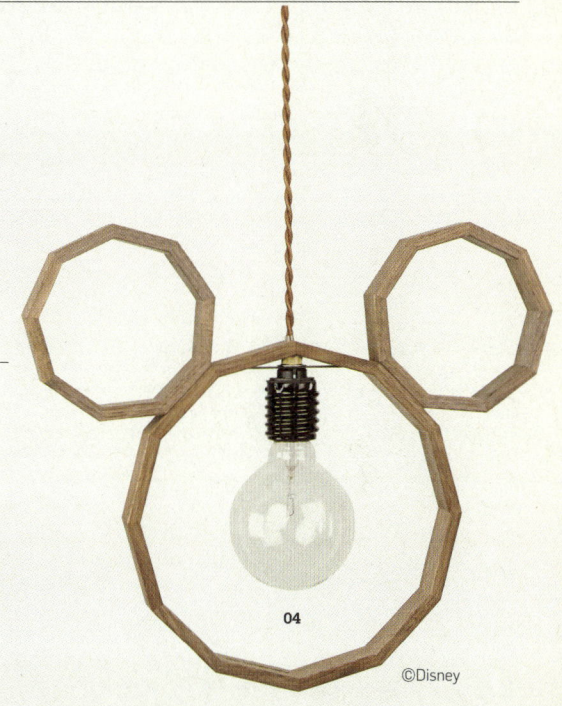

01
02
03
04
©Disney
05
06

01.アイアン製サインランプの『EAT sign』。お部屋をレトロな雰囲気にしてくれます。02.手吹きによる希少な『理化学ガラス』をアレンジした『三角フラスコランプ』。灯具の真鍮は、経年変化も楽しめます。03.ロープのようなランプコードの『knot』。結び目を作って高さ調節が可能です。04.Disneyとコラボした『MICKEYペンダントライト』は職人が組み木の技法で制作。05.ガラスシェードを3つ取り付けたスポット型照明の『DINER3』。06.麻のロープを巻きつけアレンジした『CIRCLE ROPE CHANDELIER』。ラスティックな雰囲気を楽しめます。

unico SELECT ITEM
FABRIC
unicoのおすすめインテリアアイテム・ファブリック編

BED LINEN

unicoオリジナルファブリックのベッドリネン。どんなテイストの部屋にも馴染むようなスタンダードな柄から、よくよく見ると模様の中にキャラクターが隠れている物など、unicoらしいさりげない遊び心とオリジナリティ溢れるデザインが盛りだくさんです。また、ベッドに使うシーツと掛け布団用のコンフォーターで柄が違うので、よりコーディネートを楽しめます。豊富なラインナップの中から自分だけのグッとくる1枚をぜひ見つけてください。

unico SELECT ITEM

オーソドックスな柄からストーリー仕立ての柄まで
unicoのオリジナルファブリックはウキウキするような遊び心満載。
毎日使う寝具にはお気に入りの1枚を。

01
02
03
04
05
06
07
08

(01・02) フランス語で休日という意味をもつ『Loma』。だまし絵のような抽象柄や幾何学柄がミックスされていて、見ているだけで楽しくなります。(03・04) メキシコの遺跡に施されている幾何学模様をイメージした『MIXTECA』。シーツにはメキシコで縁起がいいとされるモチーフが描かれています。(05・06) 鉱石をイメージした『ore』シリーズ。はっきりとした幾何学模様をあえて柔らかいカットソー素材に。(07・08) 架空のビールメーカー『TEDDY BEER』というコンセプトから、ベッドリネンだけでなく、クッションなどファブリック小物も充実したシリーズです。

HISTORY of "unico"

オリジナル家具を中心に
カーテンやファブリック、国内外の
セレクト雑貨を扱い、
等身大の暮らしを提案している
ライフスタイルショップunico。
これまでの成り立ちや
コンセプトなどunicoの
知られざる一面をご紹介します。

1998.11
第1号店となる
unico代官山がオープン

2000.10
ONLINE SHOPが
オープン

2001.08
オリジナルラグ・
オリジナルファブリック
が販売スタート

2003.06
コラボ商品
「カリモク」×「unico」
のUS21が発売

2006.09
はじめてのunicoの
レストランがオープン

2009.01
コラボ企画
「UT」×「unico」を発売

2009.07
bistro併設の
unico二子玉川が
オープン

HISTORY of "unico"

unicoはイタリア語で"たったひとつの"、"大切な"という意味を持つ言葉。1998年に1号店をオープンして以来、現在は33店舗を構えるまでに。「ミシェルシリーズという雑貨のような白家具を皮切りに、北欧風のコンパクトな家具、そして今年は木とアイアンを組み合わせたシリーズなど、常に変化してトレンドに合わせた家具を作ってきました」と広報の仲納林さん。ナチュラル、モダン、北欧など、ひとつのテイストにとらわれずに変化し、多様性を大切にしているのは、選べる楽しさを重視してのことだという。
「幅広いunicoのアイテムから比較してもらって、たったひとつのお気に入りを見つけてほしいと考えています」
　そして日本の暮らしに合った家具を作るために、オリジナルデザインであることにもこだわっている。
「デザインは良くてもサイズが大きかったり、使い勝手が悪かったり……。でも自分たちで作れば、価格、サイズ、デザインのバランスを考えた、細かい要望にも応えられます。余白を残したシンプルさを大切に、自分らしいコーディネートを楽しめるように意識しているので、それぞれの暮らしに寄り添っていければいいなと思っています」

2010.10
新丸ビルにunico丸の内がオープン

2012.09
オリジナルカーテンの販売スタート

2013.02
unicoハウスカードが登場

2013.03
ルミネ新宿にunico新宿がオープン

2014.02
unicoのFacebookが開設

2015.07
全国に33店舗展開

ITEM CREDIT

LIVING

p.002	SUK dining table W1150 / ¥63,000 + tax （写真左）SUK bench / ¥39,800 + tax （写真上）SUK bench arm-L / ¥69,800 + tax （写真右）SUK bench backrest / ¥63,000 + tax		+ tax （写真奥）BREATH cabinet L / ¥93,800 + tax （写真中）MOLN leather sofa 3seater / ¥198,000 + tax （写真手前）BREATH low table L / ¥56,000 + tax		KOTONA dining chair TE / ¥16,800 + tax （写真右）SARAH pole hanger / ¥18,000 + tax
p.004	HUTTE cupboard L / ¥158,000 + tax	p.036		p.044	（写真左奥）FUNEAT bench arm-R / ¥67,800 + tax （写真左中）FUNEAT dining table / ¥53,800 + tax （写真左手前）FUNEAT bench / ¥38,000 + tax （写真右手前）DELAVE covering couch sofa / ¥163,000 + tax （写真右手前）VOLTA stool / ¥15,000 + tax
p.008	SIGNE dining table W1600 / ¥73,800 + tax （写真奥）KOTONA highback chair NA / ¥19,800 + tax （写真手前）KOTONA dining chair NA / ¥16,800 + tax	p.037	（写真01）BREATH cabinet L / ¥93,800 + tax （写真02）MOLN leather sofa 3seater / ¥198,000 + tax		
		p.038	（写真左奥）ALBERO bookshelf S / ¥48,000 + tax （写真左）FIVE sofa 2seater / ¥79,800 + tax （写真中）HOLM low table / ¥39,800 + tax （写真右）MOLN leather ottoman / ¥42,800 + tax （写真手前）MOLN leather sofa 3seater / ¥198,000 + tax	p.045	（写真01左奥）FUNEAT bench arm-R / ¥67,800 + tax （写真01中）FUNEAT dining table / ¥53,800 + tax （写真01手前）FUNEAT bench / ¥38,000 + tax （写真02）DELAVE covering couch sofa / ¥163,000 + tax VOLTA stool / ¥15,000 + tax （写真03）HUTTE kitchen board L[open type] / ¥159,000 + tax
p.020	（写真左奥）ALBERO covering sofa 1seater / ¥36,800 + tax （写真左手前）ALBERO covering sofa 2seater / ¥65,800 + tax ALBERO low table / ¥38,000 + tax				
p.022	（写真上）HUTTE cupboard L / ¥158,000 + tax （写真下奥）ALBERO covering sofa 1seater / ¥36,800 + tax （写真下手前）ALBERO covering sofa 2seater / ¥65,800 + tax ALBERO low table / ¥38,000 + tax	p.039	（写真01左奥）MOLN leather sofa 3seater / ¥198,000 + tax （写真01左手前）MOLN leather ottoman / ¥42,800 + tax （写真01中）HOLM low table / ¥39,800 + tax （写真01右）FIVE sofa 2seater / ¥79,800 + tax （写真03）ALBERO bookshelf S / ¥48,000 + tax	p.046	（写真左）TERRA leather sofa 3seater / ¥198,000 + tax
				p.047	（写真01）FIX dining chair / ¥15,800 + tax （写真02）TERRA leather sofa 3seater / ¥198,000 + tax
p.023	（写真左奥）HUTTE cupboard L / ¥158,000 + tax （写真右手前）ALBERO covering sofa 2seater / ¥65,800 + tax	p.040	LIJN AV low board W1200 / ¥59,800 + tax	p.048	（写真中）QUEUE sofa 2seater / ¥79,800 + tax
p.024	NOTE desk / ¥42,800 + tax	p.041	（写真01）LUMBER bed single / ¥68,000 + tax LUMBER BOX / ¥5,000 + tax （写真02）FUNC storage / ¥39,800 + tax （写真03）RICK arm chair / ¥24,800 + tax LUMBER-mini desk / ¥45,800 + tax LUMBER BOX / ¥5,000 + tax	p.049	（写真01）HOLM cabinet S / ¥79,800 + tax （写真03）HOLM dining table W800 / ¥49,800 + tax
p.026	MOLN leather sofa 3seater / ¥198,000 + tax			p.050	（写真左奥）HOLM shelf / ¥98,000 + tax （写真右奥）HOLM cabinet S / ¥79,800 + tax （写真手前）MOLN leather sofa 3seater / ¥198,000 + tax
p.029	U-CUBE kitchen counter BR / ¥72,800 + tax				
p.030	MOLN leather sofa 3seater / ¥198,000 + tax				
p.032	（写真右）SUK dining table W1150 / ¥63,000 + tax （写真手前）SUK bench / ¥39,800 + tax （写真上）SUK bench arm-L / ¥69,800 + tax			p.051	（写真左）HOLM dining table W1500 / ¥69,800 + tax VOLTA stool / ¥15,000 + tax （写真右）STRADA kitchen board S [standard] / ¥98,000 + tax
		p.042	（写真奥）ALBERO AV low board W1600 TE / ¥69,800 + tax （写真左）ALBERO covering ottoman / ¥23,000 + tax （写真中）ECCO living table CH / ¥38,000 + tax （写真右）ALBERO covering sofa 2seater / ¥65,800 + tax		
p.033	（写真奥）VISKA covering sofa 3seater / ¥154,000 + tax （写真中）SUK dining table W1150 / ¥63,000 + tax （写真手前）SUK bench backrest / ¥63,000 + tax			p.052	（写真左奥）VISKA covering sofa 3seater / ¥154,000 + tax （写真右）ALBERO covering sofa 2seater / ¥65,800 + tax
p.034	（写真左）SUK bench backrest / ¥63,000 + tax （写真中）SUK dining table W1150 / ¥63,000 + tax （写真右）SUK bench / ¥39,800 + tax	p.043	（写真左）ALBERO dining table / ¥45,000 + tax KOTONA highback chair TE / ¥19,800 + tax	p.053	（写真01）ALBERO covering sofa 2seater / ¥65,800 + tax （写真02）ALBERO covering ottoman /
p.035	VISKA covering sofa 3seater / ¥154,000				

ITEM CREDIT

p.054
¥23,000 + tax
BREATH cupboard L / ¥148,000 + tax

p.055
(写真01左) LUMBER-mini shelf W800 / ¥53,800 + tax
(写真03) LUMBER tall shelf / ¥82,800 + tax

p.056
MOLN leather sofa 3seater / ¥198,000 + tax

p.057
(写真01) MOLN leather sofa 3seater / ¥198,000 + tax
(写真02) LUMBER-mini shelf W800 / ¥53,800 + tax

p.058
(写真左) VISKA covering sofa 3seater / ¥154,000 + tax
(写真奥) LUMBER-mini small shelf / ¥39,800 + tax

p.059
(写真01左) RICK armless chair / ¥18,000 + tax
(写真01右) SKOLA chair / ¥13,800 + tax
(写真02) LUMBER-mini small shelf / ¥39,800 + tax

p.060
(写真右奥) SOPHIE sofa 1seater / ¥38,000 + tax
(写真右中) MOLN leather sofa 2seater / ¥155,000 + tax
(写真右手前) ALBERO bedside chest / ¥34,800 + tax
(写真左) ALBERO AV low board W1600 TE / ¥69,800 + tax

p.061
(写真01) KURT butterfly table / ¥49,800 + tax
FIX dining chair / ¥15,800 + tax
(写真02左) SOPHIE sofa 1seater / ¥38,000 + tax
(写真02右) MOLN leather sofa 2seater / ¥155,000 + tax
(写真03) ALBERO bedside chest / ¥34,800 + tax

p.062
(写真中) LUMBER-mini low table / ¥39,800 + tax
(写真右) MOLN covering sofa 2seater / ¥98,000 + tax
(写真右手前) CAGE sofa 1seater / ¥22,000 + tax

p.063
(写真01左) MOLN covering sofa 2seater / ¥98,000 + tax
(写真01右) CAGE sofa 1seater / ¥22,000 + tax
(写真02) WYTHE kitchen board S / ¥128,000 + tax
(写真03) CAGE sofa 1seater / ¥22,000 + tax

p.064
(写真右) ALBERO covering sofa 2seater / ¥65,800 + tax

p.065
(写真01) LUMBER wide shelf / ¥72,800 + tax
(写真03) LUMBER small shelf / ¥49,800 + tax

p.066
(TIPS02) EDDY living table S / ¥16,800 + tax
MOLN leather sofa 3seater / ¥198,000 + tax
(TIPS03) MOLN leather sofa 3seater / ¥198,000 + tax
MOLN leather ottoman / ¥42,800 + tax
(TIPS04) EVA sofa 2.5seater / ¥66,800 + tax
(TIPS05) ALBERO covering sofa 3seater / ¥89,800 + tax
ALBERO covering ottoman / ¥23,000 + tax
LUMBER small shelf / ¥49,800 + tax
(TIPS06) (写真左) VISKA covering sofa 2seater / ¥124,000 + tax (写真右) LUMBER wide shelf / ¥72,800 + tax
KURT cafe table / ¥36,800 + tax
(TIPS07) ALBERO AV low board W1200 TE / ¥45,000 + tax
(TIPS08) LUMBER-mini AV low board W1400 / ¥39,800 + tax

p.068
(TIPS10) MOLN leather sofa 3seater / ¥198,000 + tax
BREATH low table L / ¥56,000 + tax
(TIPS11) KURT AV glass chest / ¥53,800 + tax
(TIPS12) LUMBER-mini small shelf / ¥39,800 + tax
(TIPS14) ALBERO covering sofa 2seater / ¥65,800 + tax
ALBERO covering ottoman / ¥23,000 + tax
BREATH low table S / ¥46,000 + tax
(TIPS15) KURT cabinet / ¥59,800 + tax
(TIPS16) ALBERO tall chest / ¥65,800 + tax
(TIPS17) MOLN leather sofa 3seater / ¥198,000 + tax

p.070
(TIPS18) BREATH AV low board W1085 / ¥49,800 + tax
(TIPS19) LIJN cabinet W1115 / ¥72,800 + tax
(TIPS21) (写真左) BREATH cabinet L / ¥93,800 + tax (写真中) LUMBER-mini low table / ¥39,800 + tax
(写真右) MOLN covering sofa 3seater / ¥118,000 + tax
(TIPS22) US21 sofa 2seater / ¥79,800 + tax
STELLA wide hanger / ¥32,800 + tax
(TIPS23) MOLN leather sofa 3seater / ¥198,000 + tax
(TIPS24) EVA sofa 2.5seater / ¥66,800 + tax
LUMBER-mini small shelf / ¥39,800 + tax
(TIPS25) LIJN AV low board W1200 / ¥59,800 + tax

p.072
(TIPS27) LUMBER-mini AV low board W1400 / ¥39,800 + tax
(TIPS28) EVA sofa 2.5seater / ¥66,800 + tax
(TIPS29) ALBERO covering sofa 2seater / ¥65,800 + tax
(TIPS30) KURT cabinet / ¥59,800 + tax
KURT low table / ¥32,800 + tax
MOLN covering sofa 2seater / ¥98,000 + tax
(TIPS31) ALBERO covering sofa 2seater / ¥65,800 + tax
ALBERO covering ottoman / ¥23,000 + tax
(TIPS32) VISKA covering sofa 3seater / ¥154,000 + tax
(TIPS33) KURT shelf / ¥79,800 + tax

p.074
(TIPS34) SOPHIE sofa 2seater / ¥59,800 + tax
KURT cafe table / ¥36,800 + tax
KURT AV glass chest / ¥53,800 + tax
(TIPS35) DELAVE covering couch sofa / ¥163,000 + tax
(TIPS36) ALBERO covering sofa 2seater / ¥65,800 + tax
(TIPS37) ALBERO bookshelf wide / ¥52,800 + tax
(TIPS38) KURT cupboard / ¥79,800 + tax
KURT cabinet / ¥59,800 + tax
SOPHIE sofa 1seater / ¥38,000 + tax
BREATH low table S / ¥46,000 + tax
(TIPS39) HOLM cabinet S / ¥79,800 + tax
(TIPS40) FIVE sofa 2seater / ¥79,800 + tax
ALBERO telephone stand / ¥38,000 + tax
(TIPS41) ALBERO covering sofa 2seater / ¥65,800 + tax

DINING

p.082	U-CUBE double cabinet IV / ¥82,000 + tax
p.085	U-CUBE double cabinet IV / ¥82,000 + tax
p.086	SIGNE dining table W1600 / ¥73,800 + tax
	KOTONA highback chair NA / ¥19,800 + tax
	KOTONA dining chair NA / ¥16,800 + tax
p.089	SIGNE dining table W1600 / ¥73,800 + tax
	KOTONA highback chair NA / ¥19,800 + tax
	KOTONA dining chair NA / ¥16,800 + tax
p.091	(写真奥) STRADA kitchen board[standard]S / ¥98,000 + tax
	(写真手前) STRADA-X dining table W1350 / ¥57,000 + tax
	STRADA-X dining chair / ¥13,800 + tax
p.094	STRADA-X dining table W1350 / ¥57,000 + tax
	STRADA-X dining chair / ¥13,800 + tax
p.095	STRADA kitchen board[standard]S / ¥98,000 + tax
p.096	BREATH dining table W1400 / ¥62,800 + tax
	BREATH bench / ¥28,800 + tax
	BREATH dining chair line / ¥19,800 + tax
	(写真右) BREATH wide shelf / ¥73,800 + tax
p.097	(写真01左) BREATH low table S / ¥46,000 + tax
	(写真01中) BREATH covering sofa 3seater / ¥142,000 + tax
	(写真01左) BREATH dining table W1400 / ¥62,800 + tax
	(写真03) BREATH low table S / ¥46,000 + tax
	BREATH AV chest W1600 / ¥83,000 + tax
p.098	SUK dining table W1150 / ¥63,000 + tax
	SUK bench backrest / ¥63,000 + tax
	SUK bench arm-L / ¥69,800 + tax
	SUK bench / ¥39,800 + tax
p.099	(写真01) SUK dining table W1150 / ¥63,000 + tax
	SUK bench backrest / ¥63,000 + tax
	SUK bench arm-L / ¥69,800 + tax
	SUK bench / ¥39,800 + tax
	(写真02) BREATH low table S / ¥46,000 + tax
p.100	(写真奥左) KOTONA highback chair NA / ¥19,800 + tax
	(写真中) SIGNE dining table W1400 / ¥63,800 + tax
	(写真手前) SIGNE dining chair / ¥19,800 + tax
p.101	(写真01左) SIGNE dining chair NA / ¥19,800 + tax
	(写真01中) SIGNE dining table W1400 / ¥63,800 + tax
	(写真01右) KOTONA highback chair NA / ¥19,800 + tax
p.102	FIX dining chair / ¥15,800 + tax
	LUMBER small shelf / ¥49,800 + tax
	FIVE sofa 2seater / ¥79,800 + tax
p.103	(写真01) FIVE sofa 2seater / ¥79,800 + tax
	ALBERO AV low board W1200 WA / ¥49,800 + tax
	(写真02) FIVE sofa 2seater / ¥79,800 + tax
	(写真03) LIJN cabinet W1115 / ¥72,800 + tax
p.104	(TIPS01) WYTHE dining table / ¥46,000 + tax
	WYTHE bench arm-L / ¥63,800 + tax
	WYTHE bench backrest / ¥56,000 + tax
	(TIPS02) KURT cupboard / ¥79,800 + tax
	(TIPS03) (写真左) AUTEUR kitchen counter S / ¥65,800 + tax
	(TIPS04) FUNEAT dining table / ¥53,800 + tax
	FUNEAT bench backrest / ¥59,800 + tax
	FUNEAT bench / ¥38,000 + tax
	(TIPS05) LUMBER small shelf / ¥49,800 + tax
	(TIPS06) (写真左) KOTONA highback chair WA / ¥19,800 + tax (写真右) CAGE chair / ¥12,800 + tax
	(TIPS08) WYTHE kitchen board L / ¥158,000 + tax
p.106	(TIPS 10) SUK dining table W1150 / ¥63,000 + tax
	SUK bench / ¥39,800 + tax
	SUK bench backrest / ¥63,000 + tax
	(TIPS11) KURT butterfly table / ¥49,800 + tax
	RICK armless chair/ ¥18,000 + tax
	(TIPS12) STRADA kitchen counter L / ¥89,800 + tax
	(TIPS13) KURT butterfly table / ¥49,800 + tax
	RICK armless chair / ¥18,000 + tax
	(TIPS15) LIJN cabinet W1115 / ¥72,800 + tax
	LIJN cabinet W1485 / ¥90,000 + tax
	(TIPS16) LUMBER-mini shelf W400 / ¥36,800 + tax

ITEM CREDIT

OTHER

- p.114　LUMBER wide shelf / ¥72,800 + tax
- p.115　（写真01）TERRA leather sofa 3seater / ¥198,000 + tax
　　　　VOLTA stool / ¥15,000 + tax
　　　　（写真02）SKOLA counter / ¥29,800 + tax
　　　　SKOLA counter stool / ¥15,800 + tax
- p.116　ALETTE glass cabinet / ¥95,000 + tax
- p.117　（写真01）ALETTE glass cabinet / ¥95,000 + tax
- p.118　ALBERO cabinet TE / ¥72,800 + tax
　　　　VOLTA stool / ¥15,000 + tax
- p.119　（写真01）ALBERO cabinet TE / ¥72,800 + tax
　　　　VOLTA stool / ¥15,000 + tax
- p.120　（写真左奥）ALBERO wide chest / ¥65,800 + tax
　　　　（写真右奥）ALBERO cabinet TE / ¥72,800 + tax
- p.121　（写真右）ALBERO wide chest / ¥65,800 + tax
- p.122　SKOLA desk / ¥28,000 + tax
　　　　SKOLA chair / ¥13,800 + tax
　　　　FUNC storage / ¥39,800 + tax
- p.123　（写真01）SKOLA desk / ¥28,000 + tax
　　　　SKOLA chair / ¥13,800 + tax
　　　　FUNC storage / ¥39,800 + tax
- p.124　（TIPS01）STELLA wide hanger / ¥32,800 + tax
　　　　（TIPS03）BREATH collection chest W1250 / ¥98,000 + tax
　　　　（TIPS04）（写真左）VOLTA stool / ¥15,000 + tax（写真右）RICK armless chair / ¥18,000 + tax
　　　　（TIPS05）BREATH collection chest W1250 / ¥98,000 + tax
　　　　（TIPS06）LUMBER bed double / ¥88,000 + tax
　　　　LUMBER-mini small shelf / ¥39,800 + tax
　　　　（TIPS07）FUNC storage / ¥39,800 + tax
- p.126　（TIPS09）KURT writing desk / ¥62,800 + tax
　　　　VOLTA stool / ¥15,000 + tax
　　　　（TIPS10）BREATH wide shelf / ¥73,800 + tax
　　　　（TIPS11）ALETTE side chest / ¥24,000 + tax
　　　　（TIPS14）LUMBER-mini small shelf / ¥39,800 + tax
　　　　（TIPS15）US21 sofa 1seater / ¥49,800 + tax
　　　　BREATH collection chest W1250 / ¥98,000 + tax
　　　　VOLTA stool / ¥15,000 + tax
　　　　（TIPS16）FUNC living board / ¥96,000 + tax

COLUMNS

- p.076　HOXTON AV low board W1200 / ¥46,000 + tax
　　　　LYS sofa 3seater/ ¥129,000 + tax
- p.077　SIGNE tall shelf / ¥89,000 + tax
　　　　ALBERO bookshelf wide / ¥52,800 + tax
- p.078　ACRYLIC ORDER RUG PATTERN / ¥31,000 + tax〜
　　　　※価格はサイズによって異なります。
　　　　INLAY KNIT cushion cover / ¥5,400 + tax
- p.079　VISKA covering sofa 3seater / ¥154,000 + tax
　　　　LIJN cabinet W745 / ¥52,800 + tax
　　　　（recommender01）HOLM corner AV low board / ¥59,800 + tax
　　　　HOXTON dining table W1860 / ¥79,800 + tax
　　　　（recommender02）YARD desk light / ¥19,800 + tax
　　　　MARKS sofa 2seater / ¥52,800 + tax
- p.109　（recommender03）BREATH tall shelf / ¥93,800 + tax
　　　　DEP leather sofa 3seater / ¥240,000 + tax
　　　　（recommender04）MOLN covering sofa 3seater / ¥118,000 + tax
　　　　ALBERO low table / ¥38,000 + tax
- p.110　（recommender05）CAGE sofa 1seater / ¥22,000 + tax
　　　　SKOLA bench / ¥19,800 + tax
　　　　（recommender06）ALBERO cupboard / ¥135,000 + tax
　　　　KOTONA dining chair TE / ¥16,800 + tax
- p.111　（recommender07）ALBERO bookshelf M / ¥56,800 + tax
　　　　NOTE desk / ¥42,800 + tax
　　　　（recommender08）FUNC storage / ¥39,800 + tax
　　　　KOTONA colored chair / ¥21,800 + tax
- p.128　PLEATS CURTAIN 1.5倍ヒダ（size200×200の場合）
　　　　DRAPE CURTAIN / ¥10,000 + tax〜
　　　　LACE CURTAIN / ¥8,000 + tax〜
　　　　※価格はランクによって異なります。
- p.130　ACRYLIC ORDER RUG PLAIN / ¥22,000 + tax〜　PLUS / ¥24,000 + tax〜
　　　　PATTERN / ¥31,000 + tax〜
　　　　WOOL LINEN RUG / ¥28,500 + tax〜
　　　　COTTON RUG / ¥9,500 + tax〜
　　　　※価格はサイズによって異なります。
- p.132　（写真左上）GALLON / ¥18,000 + tax
　　　　（写真左下）NEKSA table light / ¥10,000 + tax
　　　　（写真右）GAMBLING/F / ¥23,000 + tax
- p.133　（01）EAT sign / ¥22,000 + tax
　　　　（02）CONICAL FLASK lamp / ¥17,500 + tax
　　　　（03）knot pendant light / ¥11,500 + tax
　　　　（04）MICKEY pendant light / ¥13,800 + tax
　　　　（05）DINER3 / ¥25,000 + tax
　　　　（06）CIRCLE ROPE CHANDELIER / ¥26,000 + tax
- p.134　COMFORTER CASE single / ¥6,600 + tax〜
　　　　BOX SHEETS single / ¥3,800 + tax〜
　　　　PILLOW CASE / ¥1,300 + tax〜

SHOP LIST

SAPPORO
unico札幌 | 〒060-0005 北海道札幌市中央区北5条西2-5 札幌ステラプレイス・センター3F | Open: 10:00-21:00 | Tel: 011-209-5201

SENDAI
unico仙台 | 〒980-8484 宮城県仙台市青葉区中央1-2-3 仙台PARCO B1F | Open: 10:00-21:00 | Tel: 022-774-8300

DAIKANYAMA
unico代官山 | 〒150-0021 東京都渋谷区恵比寿西1-34-23 | Open: 11:00-20:00 | Tel: 03-3477-2205

SHINJUKU
unico新宿 | 〒160-0023 東京都新宿区西新宿1-1-5 ルミネ新宿店 ルミネ1 6F | Open:11:00-22:00 | Tel: 03-5909-9003

MARUNOUCHI
unico丸の内 | 〒100-6590 東京都千代田区丸の内1-5-1 新丸ビル4F | Open: 月〜土 11:00-21:00 (日・祝 11:00-20:00) | Tel: 03-5220-6440

IKEBUKURO
unico池袋 | 〒171-0021 東京都豊島区西池袋1-12-1 Esola池袋5F | Open: 10:30-21:30 | Tel: 03-5952-0426

KICHIJOJI
unico吉祥寺 | 〒180-0004 東京都武蔵野市吉祥寺本町2-15-4 | Open: 11:00-20:00 | Tel: 0422-28-7357

FUTAKOTAMAGAWA
unico二子玉川 | 〒158-0094 東京都世田谷区玉川3-13-1 柳小路錦町1F / B1F | Open: 11:00-20:00 | Tel: 03-5717-3588

KITASENJU
unico北千住 | 〒120-0026 東京都足立区千住旭町42-2 ルミネ北千住店7F | Open: 10:00-20:30 | Tel: 03-5284-6030

YOKOHAMA
unico横浜 | 〒231-0001 神奈川県横浜市中区新港1-1-2 横浜赤レンガ倉庫2号館2F | Open: 11:00-20:00 | Tel: 045-650-8765

KOHOKU
unico港北 | 〒224-0003 神奈川県横浜市都筑区中川中央1-30-1 プレミア ヨコハマ2F | Open: 10:00-20:00 | Tel: 045-914-7515

SHONAN
unico湘南 | 〒251-0041 神奈川県藤沢市辻堂神台1-3-1 Terrace Mall湘南2F | Open: 10:00-21:00 | Tel: 0466-38-2476

FUNABASHI
unico船橋 | 〒273-8530 千葉県船橋市浜町2-1-1 三井ショッピングパーク ららぽーとTOKYO-BAY 西館2F | Open: 10:00-20:00 (金〜日・祝 10:00-21:00) | Tel:047-421-7751

TSUKUBA
unicoつくば | 〒305-0817 茨城県つくば市研究学園5-19 イーアスつくば1F | Open: 10:00-21:00 | Tel: 029-868-7367

OMIYA
unico大宮 | 〒330-0853 埼玉県さいたま市大宮区錦町630 ルミネ大宮店ルミネ2 4F | Open: 10:00-21:00 | Tel: 048-658-0770

MACHIDA
unico町田 | 〒194-0013 東京都町田市原町田6-1-6 町田マルイ 4F | Open: 10:30-20:30 | Tel: 042-710-7077

MUSASHIKOSUGI
unico武蔵小杉 | 〒211-0004 神奈川県川崎市中原区新丸子東3-1135 グランツリー武蔵小杉3F | Open: 10:00-21:00 | Tel:044-431-5535

TACHIKAWA
unico立川 | 〒190-0012 東京都立川市曙町2-1-1 ルミネ立川店8F | Open: 10:00-22:00 | Tel:042-548-6570

KANAZAWA
unico金沢 | 〒920-0981 石川県金沢市片町1-3-13 | Open: 11:00-20:00 | Tel:076-234-1060

SHIZUOKA
unico静岡 | 〒420-0852 静岡県静岡市葵区紺屋町17-1 | Open: 11:00-20:00 | Tel:054-653-6100

NAGOYA
unico名古屋 | 〒460-0008 愛知県名古屋市中区栄3-6-1 LACHIC 6F | Open:11:00-21:00 | Tel: 052-251-2725

KYOTO
unico京都 | 〒604-8042 京都府京都市中京区新京極通四条上る中之町573 | Open: 11:00-20:00 | Tel: 075-257-2610

UMEDA
unico梅田 | 〒530-8558 大阪府大阪市北区梅田3-1-3 ルクアイーレ7F | Open: 10:00-21:00 | Tel: 06-6151-1434

HORIE
unico堀江 | 〒550-0015 大阪府大阪市西区南堀江1-15-28 | Open: 11:00-20:00 | Tel: 06-4390-6155

ABENO
unicoあべの | 〒545-8545 大阪府大阪市阿倍野区阿倍野筋1-1-43 あべのハルカス近鉄本店 タワー館10F | Open: 10:00-20:00 | Tel: 06-6654-6021

NISHINOMIYA
unico西宮 | 〒663-8204 兵庫県西宮市高松町14-2 西宮ガーデンズ3F | Open: 10:00-21:00 | Tel: 0798-68-0551

KOBE
unico神戸 | 〒650-0012 兵庫県神戸市中央区北長狭通3-1-15 | Open: 11:00-20:00 | Tel:078-325-0177

OKAYAMA
unico岡山 | 〒700-0024 岡山県岡山市北区駅元町1-25 さんすて岡山西館4F | Open: 10:00-20:00 | Tel:086-214-5671

HIROSHIMA
unico広島 | 〒730-0031 広島県広島市中区紙屋町1-4-7 | Open: 11:00-20:00 | Tel: 082-546-0632

MATSUYAMA
unico松山 | 〒790-0012 愛媛県松山市湊町4-6-12 | Open: 11:00-20:00 | Tel: 089-987-8815

FUKUOKA
unico福岡 | 〒810-0004 福岡県福岡市中央区渡辺通4-1-36 BiVi福岡1F | Open: 10:00-20:00 | Tel:092-737-7704

KAGOSHIMA
unico鹿児島 | 〒890-0053 鹿児島県鹿児島市中央町1-1 アミュプラザ鹿児島4F | Open: 10:00-21:00 (cafe L.O.20:30) | Tel: 099-812-6725

OITA
unico大分 | 〒870-0831 大分県大分市要町1-14 アミュプラザおおいた2F | Open: 10:00-21:00 | Tel: 097-513-1360

ONLINE

BRAND SITE
unico-lifestyle.com

ONLINE SHOP
unico-fan.co.jp

FACEBOOK
www.facebook.com/unico.fan

ROOM STYLE BOOK with unico
unicoの心地いい暮らしと部屋

2015年7月30日　初版第1刷発行

監修	unico
発行者	中川信行
発行所	株式会社マイナビ
	〒100-0003 東京都千代田区一ツ橋1-1-1
	パレスサイドビル
TEL	0480-38-6872（注文専用ダイヤル）
	03-6267-4477（販売部）
	03-6267-4403（編集部）
E-Mail	pc-books@mynavi.jp
URL	http://book.mynavi.jp
編集	須藤亮、影山直美、木村慶(Mo-Green)
デザイン	永野有紀、三浦裕一朗、神保雄大(Mo-Green)
写真	阿部健（P8-9・P86-89）
	伊東俊介（表紙カバー・P10-15・P26-31・P82-85）
	菅井淳子（P64-65）
	相馬ミナ（P2-7・P20-25・P32-35・P90-95）
ライター	越智理絵（P76-79・P136-137）
協力	仲納林規子、三田恭子(unico)、
	Room Clip (Tunnel株式会社)
校正	西進社
印刷・製本	シナノ印刷株式会社

［注意事項］
○定価はカバーに記載してあります。
○落丁本、乱丁本はお取り替えいたします。お問い合わせはTEL：0480-38-6872（注文専用ダイヤル）、または電子メール：sas@mynavi.jpまでお願いいたします。
○内容に関するご質問は、出版事業本部編集第2部まではがき、封書にてお問い合わせください。
○本書は著作権法の保護を受けています。本書の一部あるいは全部について、著者、発行者の許諾を得ずに無断で複写、複製（コピー）することは禁じられています。

ISBN 978-4-8399-5593-9

©2015 Misawa & co.,ltd
©2015 Mynavi Corporation
Printed in Japan